"十二五"职业教育国家规划教材
经全国职业教育教材审定委员会审定
21世纪职业教育教材·财经商贸系列

客户关系管理
（第二版）

丁建石　编著

内 容 简 介

本书共分为十章,第一章为全书的引子,阐述客户关系管理的产生、客户关系管理为企业带来的优势。第二章阐述了客户挖掘与客户拜访,主要培养学生开发新客户的基础技能、电话拜访客户和见面拜访客户的能力,通过本章内容的学习,学生可以掌握接近客户的技能技巧。第三章、第四章、第五章是本书的核心内容,主要有客户细分与客户定位、客户生命周期及策略、客户满意和客户价值,其编排的逻辑关系由易到难。客户细分与客户定位主要讲解依据客户价值的主要指标将客户群体进行分类,并提出相应的管理策略。客户生命周期及策略主要是以个体客户与企业的关系紧密程度进行分析,提出每个阶段的应对策略,继而拓展为不同阶段的客户群体;客户满意和客户价值是本书的核心。第六章和第八章为客户异议和客户投诉处理,主要培养学生处理客户不同观点(异议)和矛盾(投诉)的处理技能,两者在方法上有相互借鉴之处。第七章、第九章为本书的扩展内容,主要介绍客户满意度调查和资信监控与防范,帮助学生建立应对实际问题的基本能力。第十章为相对独立的一章,介绍与本书内容并列关系的客户关系管理的营销策略。

图书在版编目(CIP)数据

客户关系管理 / 丁建石编著. —2版. —北京:北京大学出版社,2016.12
(全国职业教育规划教材·财经商贸系列)
ISBN 978-7-301-26712-7

Ⅰ.①客… Ⅱ.①丁… Ⅲ.①企业管理–供销管理–高等职业教育–教材 Ⅳ.①F274

中国版本图书馆 CIP 数据核字(2015)第 309708 号

书　　　名	客户关系管理(第二版)
著作责任者	丁建石　编著
策划编辑	周　伟
责任编辑	周　伟
标准书号	ISBN 978-7-301-26712-7
出版发行	北京大学出版社
地　　　址	北京市海淀区成府路 205 号　100871
网　　　址	http://www.pup.cn　新浪微博:@北京大学出版社
电子邮箱	编辑部 zyjy@pup.cn　总编室 zpup@pup.cn
电　　　话	邮购部 010-62752015　发行部 010-62750672　编辑部 010-62754934
印刷者	河北博文科技印务有限公司
经销者	新华书店
	787 毫米 × 1092 毫米　16 开本　8.75 印张　218 千字
	2006 年 1 月第 1 版
	2016 年 12 月第 2 版　2025 年 6 月第 7 次印刷
定　　　价	32.00 元

未经许可,不得以任何方式复制或抄袭本书之部分或全部内容。
版权所有,侵权必究
举报电话:010-62752024　电子邮箱:fd@pup.cn
图书如有印装质量问题,请与出版部联系,电话:010-62756370

前　言

面对瞬息万变的市场环境，企业之间的竞争日趋白热化。在企业间诸多的竞争要素中，客户扮演的角色和企业家对客户关系管理的认知都在日益提升。互联网时代下的现代企业纷纷构建了"以客户为中心"的经营理念，借助先进的客户关系管理理念和管理技术来提高客户满意度、客户忠诚度和企业的营利能力。这种经营理念已经成为企业在激烈的竞争中立足和发展的根本。通过加强客户关系管理来提高企业的核心竞争能力，已经成为当今从实体到金融竞争格局的共识。

本书是在培养技术技能型人才的理念下应运而生的，作者根据多年的教学经验和学生就业以后的反馈，重新梳理并序化了教学内容，主要以培养学生树立"以客户为中心"的管理理念为主导思想，充分结合高职院校培养技术技能型人才的需要，以强调技术、重视技能为基本编写逻辑。本书具有以下特点：

第一，内容编排符合职业院校学生的学习习惯。本书从简单的接近客户到难度较大的处理客户投诉，具有显著的循序渐进的递进特征，培养学生从一名基层人员到管理者的能力转变，因而具有较强的逻辑性。

第二，技术与技能培养相结合。本书在内容上既追求基本技能的培训，又追求技术能力的培养，在编写体例上呈现出强调技术、重视技能的章节结构，在内涵上体现的是职业教育的成长规律。也就是说，通过对本书的学习可以为学生找工作奠定坚实的基础，同时本书的内容也为学生今后转岗提供了必要的支持。因此，本书为"以客户为中心"的理念培养与CRM系统实施培训相结合编写模式。

第三，章节之间松紧有序。本书针对不同学校、不同专业、不同基础的学生，在内容编排上有所侧重，第一章至第七章相对衔接较为紧密，为必须讲授的课程，后面的章节相对独立，可以依据学时或者学生的接受能力进行调整。

第四，实用性强。本书在编写过程中吸收了大量已经就业学生的反馈信息，进行了较大幅度的改动，经过多年的实践，学生有较高的认可度。

本书为介于传统的《客户管理》与《客户服务》之间的一本新型教材，在强调对客户管理的同时，追求对客户服务，因为没有服务就谈不上管理，而只有管理又不能满足客户需求，最终实现客户价值最大化。

本书适用于高等职业院校经济管理类专业教材，可以作为营销类专业的核心课程教材，也可以作为应用技术本科院校教材。

丁建石

2016年10月于天津

目　录

第一章　客户管理基础 …………………………………………………………（1）
第一节　客户关系管理的产生 …………………………………………………（1）
第二节　实施客户关系管理为企业带来的优势 ………………………………（5）

第二章　客户挖掘与客户拜访 …………………………………………………（9）
第一节　搜索客户信息的渠道 …………………………………………………（9）
第二节　客户拜访 ………………………………………………………………（11）
第三节　见面拜访 ………………………………………………………………（15）

第三章　客户细分与客户定位 …………………………………………………（18）
第一节　客户细分 ………………………………………………………………（18）
第二节　客户定位分析 …………………………………………………………（22）
第三节　客户细分指标与客户顺序模型 ………………………………………（24）

第四章　客户生命周期及策略 …………………………………………………（30）
第一节　客户生命周期 …………………………………………………………（30）
第二节　客户生命周期中的客户类型 …………………………………………（32）
第三节　客户生命周期中每个阶段的重要事件 ………………………………（33）
第四节　客户生命周期每个阶段的 CRM 策略 ………………………………（35）

第五章　客户满意和客户价值 …………………………………………………（39）
第一节　客户流失及其分析 ……………………………………………………（39）
第二节　客户满意度 ……………………………………………………………（41）
第三节　客户忠诚 ………………………………………………………………（44）
第四节　客户满意与客户忠诚的关系 …………………………………………（46）
第五节　客户让渡价值 …………………………………………………………（49）
第六节　客户终身价值 …………………………………………………………（50）

第六章　客户异议的处理 ………………………………………………………（53）
第一节　处理反对异议 …………………………………………………………（53）
第二节　不同类型的异议的处理 ………………………………………………（61）

第七章　客户满意度调查 ………………………………………………………（67）
第一节　调查问卷设计的程序 …………………………………………………（67）
第二节　调查问卷问题与答案的设计 …………………………………………（70）
第三节　市场调查报告的编写 …………………………………………………（75）
第四节　市场调查报告的写作技巧 ……………………………………………（78）

第八章　客户投诉处理技巧 ……………………………………………………（81）
第一节　客户投诉的心理状态分析 ……………………………………………（81）
第二节　处理投诉的要求 ………………………………………………………（83）

第三节　客户投诉的处理步骤 …………………………………(84)
　　第四节　处理客户投诉的原则 …………………………………(89)
　　第五节　一般投诉处理 …………………………………………(90)
　　第六节　重大投诉处理 …………………………………………(93)
　　第七节　重大投诉的处理技巧 …………………………………(95)
　　第八节　企业向消费者道歉的技巧 ……………………………(100)
　　第九节　群体性投诉的处理 ……………………………………(101)
　　第十节　重大投诉中的有关问题 ………………………………(103)
第九章　客户资信监控与防范 ………………………………………(105)
　　第一节　客户资信的调查方法 …………………………………(105)
　　第二节　客户资信的分析 ………………………………………(107)
　　第三节　客户资信的评估方法 …………………………………(110)
　　第四节　业务风险的防范措施 …………………………………(113)
第十章　客户关系管理的营销策略 …………………………………(117)
　　第一节　关系营销 ………………………………………………(117)
　　第二节　数据库营销 ……………………………………………(122)
　　第三节　精确营销 ………………………………………………(128)
参考文献 ………………………………………………………………(132)

第一章

客户管理基础

第一节 客户关系管理的产生

中国的改革开放和国际化,使我们对市场、对营销、对服务等都不再陌生。对商业、对资本、对管理从无知到有知、从漠视到重视,是我们30多年所取得的最重要的进步之一。

市场竞争的加剧,使得各个企业都在努力寻找自己的核心竞争能力,以取得竞争的优势,使企业不断发展壮大。但是,信息技术的广泛使用,并且信息的获取越来越便捷,使得许多行业的产品在价格上、质量上和服务上的差异越来越小,给如何在竞争中领先对手这一老话题又赋予了新内容,这就是如何做好客户关系管理(Customer Relationship Management,CRM)工作。计算机网络和通信网络技术的高速发展,尤其是使用费用的大幅度降低,使客户关系管理成为世界各国研究的新热点和各个企业竞争制胜的方式。

时至今日,我们从来没有与世界脉搏的跳动如此地接近,我国的企业从来没有如此深切地感受到全球化的竞争。2001年,《中华人民共和国加入世界贸易组织议定书》生效,中国正式加入世界贸易组织(WTO),成为其第143个成员。这一刻,我们感受到了世界对我们的承认,也感受到了生存的压力。2004年12月11日意味着中国加入世界贸易组织适应期结束,意味着许多产品(如受关税保护最多的汽车)取消配额限制,且关税水平不断降低,对于我国的企业界来讲,竞争将变得更加激烈。2015年11月30日,人民币加入特别提款权(Special Drawing Right,SDR),2016年10月1日正式实施,标志中国进入国际金融领域的竞争。

信息技术(特别是互联网)使得我们与全球各个国家、各个民族、每个人之间的距离大大缩短了,也促使我们更加的开放。电子商务的出现,意味着客户和企业之间的关系发生了重大变化。

一、客户关系管理的起源

(一) 我们所处的环境

与以往相比,经济大环境正在发生着巨大的转变,如今供求关系已发生根本变化,短缺经济不再是经济的主体;全球经济一体化,竞争不分国界;信息技术迅速发展,企业生存数字化;客户、竞争与变化成为时代特征。

总体来讲,当今的时代具有四大特点(如图 1-1 所示)。

图 1-1　当今时代的特征

(1) 有形资产价值向无形资产价值的转移。企业扩张的活动越来越频繁,与旧经济时代相比,企业更加注重对无形资产的使用和控制,同时也更加关注无形资产所带来的价值。

(2) 企业竞争力的转变。价值从提供产品的企业转移到不仅提供产品,而且同时提供低价格、高度个性化产品的企业,或者能够提供问题解决方案的企业。

(3) 信息技术成为经济活动的载体。过去的经济是建立在制造业基础之上的,以标准化、规模化、模式化、讲求效率和层次化为特点。而当今和未来的经济,则是建立在信息技术基础之上,追求的是差异化、个性化、网络化和速度。

(4) 大规模的广告传播已不适应。同时,广告代理将渐渐转变为传播代理;营销人员的职能发生了转变,不仅需要传递产品信息,而且更需要使用新的营销方式为客户提供全方位的服务;网上商店的商品价格更为公开,竞争更为激烈,传统的店面经销遇到了强劲的挑战。

(二) 客户关系管理的背景

客户关系管理的理论基础来源于西方的市场营销理论,在美国最早产生并得以迅速发展。市场营销作为一门独立的管理学科存在已有近百年的历史,它的理论和方法极大地推动了西方国家工商业的发展,深刻地影响了企业的经营观念以及人们的生活方式。信息技术的快速发展,为市场营销管理理念的普及和应用提供了平台,并开辟了更广阔的空间。

在工业经济时代,企业是通过提高工效并最大限度地降低成本,同时建立质量管理体系以控制产品质量,从而取得市场竞争优势的。因此,工业经济时代是以"产品"生产为导向的卖方市场经济时代,也可以称作产品经济时代。产品生产的标准化及企业生产的规模大小决定其市场竞争地位,企业管理最重要的指标就是成本控制和利润最大化。

生产力的不断发展,逐步改变了全社会生产能力不足和商品短缺的状况,并导致全社会生产能力的过剩。商品的极大丰富并出现过剩,使客户的选择空间和选择余地显著增大,与此同时,客户的需求开始呈现出个性化特征。为了提高客户满意度,企业必须完整地掌握客户信息,准确地把握客户需求,快速地响应个性化需要,提供便捷的购买渠道、良好的售后服务与经常性的客户关怀等。企业尝试着去衡量每一个客户可能带来的营利能力,并委派专门的客户代表负责管理客户。在这种情况下,企业应为客户送去他们需要的产品,而不是让客户自己去寻找他们需要的产品。在这种时代背景下,客户关系管理理论不断地被提升,并逐渐得到完善。

客户关系管理被企业重视的另一个重要因素应当归功于近年来资本市场的发展。一个新成立的企业尤其是服务类企业,在没有取得利润前,会计师事务所及投资公司都将企业的客户资源作为对企业价值进行评估时的重要指标,由此促使客户资源的重要性上升。

二、客户关系管理产生的原因

从1999年年中开始,客户关系管理得到了诸多媒体的关注,国内外很多的软件商推出了以客户关系管理命名的软件系统,有一些企业开始实施以客户关系管理命名的信息系统,这是具有一定的必然性的。

(一)需求的拉动

在很多的企业中,销售、营销和客户服务部门虽然已经建立了信息系统,但其信息化程度越来越不能适应业务发展的需要。企业的销售、营销和客户服务部门难以获得所需的客户互动信息,来自销售、客户服务、市场、制造、库存等部门的信息分散在企业内部,这些零散的信息使得企业无法对客户有全面的了解,各个部门难以在统一信息的基础上面对客户,这需要各个部门对面向客户的各项信息和活动进行集成。

在对客户、销售人员、营销人员、客户服务人员、企业经理的调查中可以发现这样的问题:从市场部提供的客户线索中很难找到真正的客户,老客户现在的需求有什么新变化,如何开发新的客户群体;客户对企业的产品有什么看法,其中有多少人已经与销售人员进行了接触,应该和哪些真正的潜在购买者多接触,谁是真正的潜在购买者,客户的行为如何预测,这些都是企业急需解决的问题。

(二)技术的推动

计算机、通信技术、网络应用的飞速发展使得上述问题的解决不再停留在梦想阶段。办公自动化程度、员工的计算机应用能力、企业信息化水平、企业管理水平的提高都有利于客户关系管理的实现。目前,信息化、网络化的理念在我国的很多企业中已经深入人心,很多企业具备了一定的信息化基础,建立和使用了 MIS(Management Information System,信息管理系统),正在利用 ERP(Enterprise Resource Planning,企业资源计划)管理企业。电子商务在全球范围内正开展得如火如荼,改变着企业的经营方式。通过互联网,企业可以开展营销活动,向客户销售产品,提供售后服务,收集客户信息。更重要的是,这一切的成本越来越低。

目前,我国企业的通信成本正大幅度降低。这将推动计算机与电话(Computer Telephony Integration,CTI)技术的发展,进而推动呼叫中心的发展。网络和电话的结合,使得企业以统一的互联网平台面对客户。

（三）管理理念的更新

对于广大的最终消费者来说,随着社会物质和财富逐渐丰富、恩格尔系数不断下降,人们的生活水平逐步提高,其消费价值选择的变迁也不断发生改变,消费观念的变更如图 1-2 所示。

图 1-2　消费观念的变更

在理性消费时代,消费者不但重视价格,而且更看重质量,追求的是物美价廉和经久耐用,此时,消费者的价值选择的标准是"好"与"差";随着生产能力的扩大,产品出现过剩,进入感觉消费时代,消费者的价值选择不再仅仅是物美价廉和经久耐用,而是开始注重产品的形象、品牌、设计和使用的方便性等,而选择的标准是"喜欢"和"不喜欢";而信息技术的广泛使用使企业的产品和服务的差别越来越小,人们进入感情消费时代,消费者越来越重视心灵上的充实和满足,更加着意追求在商品购买与消费过程中心灵上的满足感。因此,消费者的价值选择是"满意"与"不满意"。同理,企业的管理观念随着市场环境变化的演变也经历了五个阶段,其过程如图 1-3 所示。

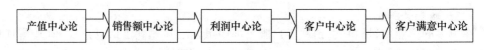

图 1-3　企业管理观念的发展

从图 1-3 中我们可以看出,最初企业所处的市场环境为卖方市场,产品销售基本上不存在竞争,只要生产出产品就能卖得出去,因此,企业管理的目标是如何更快更好地生产出产品。后来,生产能力不断加大,市场出现了竞争,企业生产出的产品如果卖不出去就无法实现资本循环,为了实现从商品向货币的转换,取而代之的是销售额中心论,企业一方面提高产品的质量,另一方面强化促销,所追求的目标是产品的销售额。随着市场竞争的激烈,企业发现在单纯追求高销售额的同时,由于生产成本和销售费用越来越高,利润反而下降,这绝不是经营者所期望的效果。因此,企业转而追求利润的绝对值,通过在生产部门和营销部门的各个环节上最大限度地削减生产成本和压缩销售费用来实现利润最大化。但是,众所周知,成本是由各种资源构成的,相对而言它是一个常量,不可能无限制地去削减,当企业对利润的渴求无法或很难再从削减成本中获得时,它们自然就将目光转向了客户,并企图通过削减客户的需求价值来维护自己的利润。为此,企业开始从内部挖潜转向争取客户,进入了以客户为中心的管理阶段。由于需求构成了市场,也构成了企业的获利潜力,而在市场上需求运动的最佳状态是满意,客户的满意就是企业效益的源泉,这样客户的满意程度就成为当今企业管理的中心和基本观念,形成了客户满意中心论,这也正是客户关系管理的产生及近年来成为又一新热点的原因。

综上所述,现在是一个变革的时代、创新的时代。企业比竞争对手领先一步,哪怕仅仅一步,就可能意味着成功。

第二节　实施客户关系管理为企业带来的优势

根据美国摩根大通公司对客户满意度调查的数据显示,具有最高客户满意度的企业增长的市值是具有最低客户满意度的企业增长市值的两倍多。换句话说,客户满意度能直接转化为企业价值。再看看摩根大通公司下面的数据:

(1) 客户满意度如果提高5%,企业的利润将加倍;
(2) 一个非常满意的客户的购买意愿将6倍于一个满意的客户;
(3) 2/3的客户离开供应商是因为其对客户关怀不够;
(4) 93%的CEO认为客户关系管理是企业成功和更富有竞争力的最重要因素;
(5) 50%以上的企业利用互联网是为了整合企业的供应链和管理后勤。

通过以上数据我们可以看出,客户满意是企业提高利润的关键,客户服务又是客户管理的基本,而互联网的使用使得这一切成为可能。

经济全球化趋势和电子商务的快速发展正以前所未有的广度和深度改变企业传统的业务运作方式。一般来说,企业可以采用两种方式保持竞争优势:一是在能够发挥自身优势的业务领域以超过竞争对手的速度增长;二是要比竞争对手提供更好、更优质的客户服务,而提供优质的客户服务的前提是实施客户关系管理。

归纳起来,客户关系管理的目标主要包括降低销售及服务成本、增加盈利、巩固客户关系、提高客户满意度、改进信息提交方式、加快信息提交速度、简化客户服务过程等,具体可以归纳为以下六个方面。

一、全面提升企业的核心竞争能力

进入新经济时代,以往代表企业竞争优势的企业规模、固定资产、销售渠道和人员队伍已不再是企业在竞争中处于领先地位的决定因素。由于新竞争对手和新机遇的不断涌现,企业必须创造出新的结构以适应变化需求。依赖于客户生存的企业必须学会如何对待具有不同背景的客户,并通过语言识别和人工智能等手段将技术"人性化",以加强对客户的吸引力。

在新的经济模式下,企业应当在管理客户关系方面做得更好,客户关系管理已成为一种企业核心的竞争能力。通过使用正确的工具、技术,客户关系管理可以为所有的企业提供"看得见的优势"。

今天,竞争的基础和竞争优势的本质已经发生了变化,这主要是因为信息时代使地理和环境不再具有以往的意义,规模和权力也不再能确保市场份额。技术发展和全球化趋势增强甚至消除了许多过去妨碍经济增长的障碍,人们可以在全球范围内建立人与人以及人与信息之间的连接,这样不仅可以使客户随时、随地寻找到能够满足其需求的最佳服务供应商,而且消除了现存市场和机遇固有的防卫壁垒。企业在市场中获胜所需的条件组合,如土地、人力、资本、信息等,可以很快地被竞争对手复制;然而,详细而灵活的客户信息,即有关客户及其爱好的信息和良好的客户关系本身,却很难被复制。

如果土地、人力和资本等不再是企业增长的核心,那么如何才能保持业务领先呢?企业可以用的一个方法就是比竞争对手提供更好的客户服务。优质的客户服务可以促使客户回头购买更多的产品或服务,而价格的高低将处于客户选择的非第一因素。企业可以通过建立以忠诚度为目标的持续不断的关系来实现,整个业务也将从每一个客户未来不断的采购中获益。

此外,企业可以采用所有可以直接与客户接触的方式,如人员接触和通过电话、Web或电子邮件接触等。企业每天都拥有成千上万这样的交流机会。企业采用客户关系管理意味着通过技术的应用将这些交流从简单的活动变为对企业和客户都有用的经验。反过来,这种转换将使企业的客户代表持续提供卓越的客户服务,从而为企业建立起一个战略性竞争优势。

客户关系管理并不仅仅针对第一次接触或优质服务,它针对的是整个接触生命周期以及如何处理这些接触,企业采取这种客户关系管理方式可以使其从竞争中脱颖而出。一般来说,从价格、服务和客户知识等方面展开全面的竞争要优于单纯的价格竞争。

二、提升客户关系管理水平

客户关系管理不是孤立的解决方案,它是企业管理的重要组成部分。人们已经深刻地认识到,仅从某些方面去解决企业的问题是无法从根本上解决问题的。在电子商务时代,企业从大规模生产体系转向灵活敏捷的竞争体系,客户关系管理要满足用户在提升客户价值、通过合作提高竞争力、建立适应变化的组织、充分利用人员与信息的杠杆作用方面的需要,最终帮助企业奠定一个获利稳定的经营基础。

(一)客户研究与客户挖掘

需求和产品多样化使得客户选择的负担日益增加,供应商有责任帮助客户确定其需要和要求,这一切意味着企业要研究和培育客户,深知客户做什么、想什么和应该做什么。客户关系管理支持客户描述其经营范围、经营网络、业务流程。二者的变化意味着需求的变革,意味着客户服务的扩展和升级。在这一点上如果企业的反应不准确,就会迅速失去客户。

采集未来的客户信息,描述客户的形成过程可以使企业捕捉到新的客户机会。客户挖掘过程,就是把潜在客户培养为现实客户,并进一步变为支持客户的过程。客户关系管理提供对潜在客户的数据采集和需求验证,对可能客户进行客户细分和定位选择,对支持者的地位作用及喜好动机进行描述。

(二)客户响应与交易记录

在电子商务环境下,为了与客户进行实时通信,企业必须造就一个以现代通信基础设施为依托的客户接待前台。在处理各类信息的接收、发送与记录的基础上,客户关系管理着重支持客户要求、服务跟踪和客户查询。这样做可以降低客户的响应成本,并有利于实现数据系统与客户一体化,进而增进彼此的忠诚度,客户以自己喜欢的方式选择与企业进行交流,方便地获取信息并得到更好的服务。客户的满意度得到提高,可以帮助企业保留更多的老客户,并更好地吸引新客户。客户关系管理的实施,让客户和潜在客户感觉到企业对其需求很重视,也具有响应客户要求的能力,从而逐渐成为该企业的忠诚支持者。

(三)客户服务追踪与客户评价

客户服务追踪、客户反馈和善后管理是联系在一起的。客户关系管理提供客户主动追踪服务,支持客户接收、处理客户反馈数据,其善后工作管理则包括维护预约和派遣、备件管理、服务收费及欠款催收等。

客户关系管理不只是一套产品,而是触及企业内部许多部门的商业理念。企业的商业理念一定要反映在客户关系管理上,并且从高层管理者到每位员工之间进行充分的沟通。其核心思想是将企业的客户(包括最终客户、分销商、合作伙伴以及内部客户)作为最重要的企业资源。通过完善的客户服务和深入的客户分析来满足客户的需求,以保证实现客户的终生价值。

在激烈的竞争环境中,任何企业要发展都需要有一流的客户关系管理,越来越多的企业认识到服务对于企业发展的重要性,迫切需要利用客户关系管理来提高管理水平。

三、重塑企业的营销功能

企业实施客户关系管理就是要全面重塑企业的营销功能,这种重塑要求来自于企业所处的竞争环境发生结构性变化,企业正在从一个大量市场产品、服务标准化、寿命周期长、信息含量小、一次性交易中交换的竞争环境向新的全球竞争的环境转变。在这一新的竞争环境中,产品和服务个性化,寿命周期短,信息含量大,并处在客户基础不断变化的交易过程中。

企业的经营从以生产设备为支点变为以客户为支点,营销成为企业活动的重要因素。飞速发展的计算机网络,日益开放的全球技术经济市场使企业不能再固守一隅。在这样的环境中,客户-竞争-品牌成了密不可分的要素,捕捉客户机会和迎合客户需求的准确性和速度决定企业的生存,企业需要一个信息畅通、行动协调、反应灵活的客户关系管理系统。

四、提升销售业绩

客户关系管理的运用直接关系企业的销售业绩。它可以重新整合企业的客户信息资源,使以往"各自为战"的销售人员、市场推广人员、电话服务人员、维修人员等开始真正的协调合作,成为以"满足客户需求"为核心宗旨的强大团队。客户关系管理实施的成果经得起销售额、客户满意度、客户忠诚度、市场份额等指标的检验,它为企业新增的价值是看得见、摸得着的。因此,客户关系管理的实施必将确实地改变企业的销售文化,让企业中的每一个成员都切身地感受到信息时代带来的机遇和挑战。

五、降低成本,提高效率

客户关系管理的运用使得团队销售效率的准确率大大提高,服务质量的提高也使得服务时间和工作量大大降低,这些都会降低企业的运作成本。

通过实施完整的客户关系管理策略,企业允许内部人员、供应商和合作伙伴通过 Web 进行联系,共享客户信息,以下以甲骨文公司为例来进行说明。

(一) IT 管理的加强和成本的降低

例如,甲骨文公司原来在全球分布有 97 个数据中心,现在减少到了 4 个,这样不仅更好地加强了信息的集中管理和资源的充分共享,而且降低了设备维护和管理人员的成本。将 IT 管理集中到了几个大的中心,这样管理的效率和系统的可靠性也得到了进一步加强,仅此一项就为公司节省了 1100 万美元。另外,该公司通过把大量的内部培训课程移植到网上,节省了成本 250 万美元;通过全球财务数据的自动合并和整合管理,每年可以为公司节约 350 万~500 万美元的费用。

(二) 企业整体效率的提高和成本的降低

通过将大量的工作和日常业务处理转移到 Web 上,甲骨文公司的日常工作量减少了 25%,业务处理更快捷,员工的工作效率明显提高。这种自助式服务与过去相比为公司节省了 240 万美元的日常开支,每笔费用报告的成本从 25 美元减少到 10 美元,通过电子商务的战略采购管理预计在未来 5 年内将为公司节省 9800 万美元。

在中国内地,甲骨文公司为中国银行和美的集团等许多企业实施了甲骨文公司的客户关系管理解决方案,都取得了令人非常满意的效果。

六、利用整合信息提供卓越服务,提高客户忠诚度

企业可以利用客户资料,针对客户需求加强对客户的服务,提高客户对服务的满意度,并通过整理分析客户的历史交易资料,强化与客户的关系,提高客户再次光顾的次数或购买数量。

例如,在与客户洽谈机动车辆保险续约时,如果保险业务员发现客户资料中没有人寿保险的记录,或许可以尝试推销人寿保险。又如,银行或信用卡公司经常会邮寄产品目录或发送旅游信息给客户,借以提升企业获利的机会,这些都是常见的营销手段。

客户关系管理的实施可以让客户和潜在客户感觉到企业对他们的需求很重视,他们极有可能成为企业的忠诚支持者。因此,实施客户关系管理将提升企业的竞争优势。

例如,自 1999 年 10 月起,尤其是智能手机的广泛使用之后,丰田汽车公司运用最新的工作流程计算机化技术,引进客户关系管理系统最重要的"顾客抱怨追踪系统",以实现"客户第一"的理念,有了这个系统的协助,公司可以轻易地查询客户的历史资料、疑难处理经验库,以计算机流程掌握追踪客户投诉案件进度、客户投诉问题交叉分析。每一个客户的需求得到快速而充分的照顾,并提供产品及服务改善的方向,期望永葆企业的竞争优势。

第二章

客户挖掘与客户拜访

第一节 搜索客户信息的渠道

一、信息获取渠道

（一）公共媒体的信息

企业的信息可以从多种渠道获得,如从各种电话黄页、企业网站、广告、报纸、杂志或协会等获取企业名录,国资委监管企业名单、国家百强企业名单和各地工商局、税务局的企业名单光盘。

这类信息的特点是容易获得,信息量较大,筛选工作难,效率较低。因此,公共媒体的信息是企业获得客户信息资源的一个重要途径。

（二）政府信息

1. 工商和税务信息

工商和税务信息一般比较保密且不易公开,企业可以从工商和税务的计算机档案信息中获得较完整的企业分类信息,然后进行全面筛查,如收集新注册的企业信息、行业客户的完整信息等。

2. 政府信息中心

目前,每个城市的政府机关信息化建设均有一定的规模,各部委、厅、局成立了信息中心,它们之间没有上下级的隶属关系,这些机构非常了解其职能管理范围内的企业信息化情况,因此也是重要的信息获取渠道。

3. 国家统计局统计年鉴

统计年鉴是各城市统计局根据国家数据统计的要求对地方企业经济进行汇总分析

的文献资料,它有企业销售、产值、利税等各种统计数据分析,是一个非常好的信息筛选资料,这类资料可以通过地方的图书发行机构购买。

(三) 经济组织信息

1. 城市经济开发区内的企业信息

每个城市根据经济的特点均成立了各种规模和行业特色的经济开发区,每个经济开发区均有管理机构——开发区管理委员会,企业可以通过开发区管理委员会获取相关信息,然后进行筛查,其效果较好。

2. 各行业协会、俱乐部、社会团体的分类企业信息

目前,全国各级城市的政府部门正在将一些过去由政府直属管理的各行业协会交给行业有影响的企业群体进行自主选举和自主管理,行业协会的职能也在转变。这些行业协会非常了解行业中的企业信息化状况和需求,可以重点进行调查。

3. 著名的大型集团企业的机构信息

大型集团企业均有信息中心,可以通过对集团公司的信息进行调查,了解到近期和远期的企业需求。

(四) 城市的各种会议、活动信息

这类信息获取途径是一个高效的情报调查途径,它将为企业提供非常有价值的商机信息情报。

企业应关注城市所有的酒店、宾馆、大型会议展馆;及时收集各企业、机关、组织举行的各种展览、会议、贸易活动、市场推介会、促销会、培训的参与企业信息。

(五) 专业信息组织——社会信息调查公司

在许多城市有专业的从事信息调查的公司,企业可以通过与其合作获得有效的信息,这类信息由于极具商业价值,故企业将遇到较多的竞争对手,给客户信息获取带来一定的影响。

二、从客户渠道挖掘客户信息

(一) 老客户介绍与推荐

即企业通过老客户收集新客户和供应商名单,并再次进行跟进。这种客户信息获得是所有的方式中最为有效的方法,并且客户信息比较准确和翔实,更有利于企业对新客户的开发。

(二) 具备二次购买可能的老客户信息

老客户资源就是最好的资源,因为开发一个新客户的成本是老客户的 2~5 倍,通过企业提供的客户俱乐部有关资源介绍的激励政策,以此来激发老客户给企业介绍资源的热情,同时挖掘客户升级版的需求。

(三) 潜在需求客户信息

企业可以根据在客户管理过程中对客户的分析判断,确定未来可能的潜在客户,组织相关人员对这些客户信息进行挖掘,使其成为客户蓝本,并有针对性地进行客户资源挖掘,逐步成为客户资源。

三、从竞争对手获取相关信息

客户信息除去以上获取渠道以外,还有另外一些有效的获取渠道,也就是从竞争对

手那里获取客户信息,主要是从以下七个方面进行。

(1) 关注竞争对手的网站及发布信息的渠道和市场活动。

(2) 从竞争对手的代理商、客户处发掘信息。

(3) 持续跟踪被竞争对手签走的客户信息。

(4) 了解、掌握、跟进当地市场各行业质量高的客户。

(5) 竞争对手的各项市场活动。竞争对手的各项市场活动是非常直接的、高效率的获取有效商机信息的途径。竞争对手在有目的地通过市场活动推动某些项目时会召集重点客户进行攻关,企业可以事半功倍地获取信息。但是,这类信息的采集要注意方式和方法。

(6) 竞争对手的客户资料信息。

(7) 竞争对手的商机资料。企业可以从竞争对手的签约客户中发现一些机会,包括:服务实施不好的;客户需求需要扩展的;客户需要增加的等。

四、其他的渠道

(1) 媒体新闻和广告,招聘广告信息。

(2) 市场活动的信息,如结合科技局开展信息化的高峰会,结合行业开展行业产品发布会,结合各大商会/协会开展普及活动;自主组织的小型市场活动,资源挖掘人员可以通过上门递送邀请、电话联络和活动现场交流等方式挖掘资源。

(3) 进行网络营销,即利用网络搜索资源、专业性报纸和杂志(广告)、广告路牌、电子邮件、各大行业知名论坛、建立 QQ 群等现代传媒方式宣传企业和产品。

(4) 对商场的上柜品牌进行产品扫描,找出产品的区域总经销商、大商场大百货公司专业市场的产品产地资料。

(5) 通过照相机拍摄工业区和大厦的企业外景和名称,写字楼、大厦大堂的客户名录,经过整理和分类后有针对性开展电话访问或直接上门访问。

(6) 社会关系信息,如通过客户开发人员的各种社交圈获得客户信息,如同学、同事、亲属、朋友介绍,这些信息不仅准确,而且可以通过这些社交圈的介绍较为容易地与客户进行联系。

第二节　客户拜访

客户拜访,是指在对客户信息进行分析后,客户服务人员认为有必要进行进一步接触的一种行为。客户拜访可以分为电话拜访和见面拜访。这两种拜访形式不同,其作用和目的也有很大的差异:电话拜访一般是对客户的一般性预约,而见面拜访则是对客户的深层次的进一步接触活动。

一、电话拜访

电话拜访属于客户服务人员与客户接触过程中的一种预约,其主要目的是通过电话拜访赢得面谈机会,而不是通过电话达成交易。因此,客户服务人员要特别注意拜访流程及在电话中的谈话内容和谈话技巧。

从电话拜访的一般流程来讲,在电话拜访客户时,客户服务人员首先要进行自我介绍,然后询问关键人是否可以接听电话,如果可以,则说明拜访目的,以激发关键人的兴趣,如果可能客户服务人员还要提出面谈的时间,妥善处理关键人提出的异议。最后,客户服务人员确定需要进一步洽谈的关键问题,并礼貌道别(如图2-1所示)。

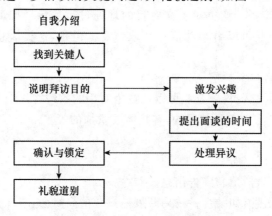

图2-1　电话拜访客户的基本步骤

二、电话预约开始前的准备工作

(一)认真收集筛选客户资料

1. 电话号码

电话号码是客户服务人员进行电话拜访的最基础的信息,当然这里的电话号码也包括传真号码等。可以说,通过一个有效的电话号码客户服务人员可以获得客户其他的重要信息。电话号码是客户资料里最重要的信息,因此,客户服务人员在收集资料的过程中,一定要对电话号码格外重视。

2. 客户的姓名

客户的姓名是目标客户区别于其他人员的一个重要标志。除此以外,在电话拜访过程中,客户服务人员如果能正确地叫出客户的姓名,会给客户一种受尊重的感觉,这样很容易引起他们的注意,从而为更深入的交谈打下良好的基础。不仅如此,记住客户的姓名,即使客户不在办公室的时候,客户服务人员也很容易从接线人的口中了解到客户的其他信息,从而为下一步的沟通准备更加详细的客户资料。尤其是决策人的名字,在拜访的过程中显得更加重要。

3. 职务

拜访对象的职务的重要性仅次于其名字的重要性。这不仅对于关键的决策人来讲是如此,对于一般的接线人来讲也是如此,即使客户服务人员一开始不知道接线人的姓名和职务,在通话的过程中也一定要弄清楚对方的姓名和职务,以便为下次联系提供方便。

4. 企业的名称

企业的名称是客户服务人员拜访客户的第一张通行证。因为当客户服务人员拿起电话后,首先应当确认一下对方是不是自己所想要寻找的那家企业。如果是自己想要寻找的企业,那么客户服务人员下面的过程可以继续;如果不是自己想要寻找的企业,那么客户服务人员只好说声"对不起",然后挂断电话,待确认号码后再打。但是,如果客户服务人员连企业的名称都不知道,那么打对打错自己都无法确认了。如果到此还不能搞清楚决策人的姓名,那么客户服务人员就可以放弃这个电话了。

5. 客户的需求和业务范围

客户的需求是十分重要的客户资料。因为对于企业来说,一般电话拜访客户的目的都是希望客户购买自己的产品或服务,或者为他们解答产品或服务在使用过程中出现的一些问题。因此,客户服务人员了解在不同的情况下所产生的客户需求,是与客户在电话沟通的过程中最基本的切入点。而了解客户的业务范围的目的,也是客户服务人员为了更好地了解客户的需求。

6. 地址和邮政编码

地址和邮政编码并非必不可少的客户资料,但有时候针对一些特殊的情况或许也会用到这些信息资料。比如,客户服务人员根据客户企业所在的地区,可以分析那个地区的市场行情,从而在与客户沟通的过程中更好地把握主动权。另外,企业所在地区的风土人情也可以作为谈话的切入点,这是客户服务人员和客户建立关系的一种技巧。

7. 其他的客户资料

其他的客户资料主要包括客户企业的网址、电子邮件地址以及客户的 QQ 号等联系方式。

电话拜访所需要掌握的客户资料基本上包括以上这些内容,当然,客户服务人员对客户的信息资料掌握的越全面越准确越好。另外,客户服务人员根据不同的情况还应该掌握不同的客户资料,这需要在实践中不断地摸索。

(二)认真分析、筛选客户资料,选择有效客户

收集好了客户资料,客户服务人员还要对其进行筛选。因为客户服务人员所收集的资料不可能全都是有效资料,当然,如果努力争取,一些看似没有意向的客户也可能被开发出来。首先,客户服务人员要收集全面的客户信息,然后对这些有效信息进行全面分析,判断哪些客户符合自己的要求,哪些客户有更大的开发潜力,哪些客户根本就不可能与企业进行合作。对待这些客户资料,客户服务人员一定要去粗取精、去伪存真,甚至应当对这些客户进行逐级分类,从最有意向的客户到没有意向的客户逐级分清。对于这些客户资料,客户服务人员可以用数字序号进行标号分级,然后按照级别的不同具体安排拜访的时间和顺序,这样就能使收集到的客户资料发挥最大的效用。

(三)计划好电话拜访的时间

1. 重要的电话应约定时间

在电话拜访客户的过程中,为了达到成交的目的,客户服务人员往往需要与客户进行多次的沟通。在这一过程中,如果客户服务人员有重要的事情需要与客户沟通,一定要事先约好时间。因此,重要的事情需要客户服务人员事先约定好时间,这样才能保证拜访计划的顺利进行。

2. 节省客户的时间

一般情况下,客户服务人员问候客户的电话不能超过 1 分钟,约访电话最多不能超

过3分钟,产品介绍或服务介绍电话不能超过5分钟。如果与重要的客户进行谈判,建立客户关系的电话通常不要超过15分钟,否则就不再通过电话进行拜访了。

3. 把时间花在决策人的身上

电话拜访客户的目的是为了与客户达成有效的协议,而达成协议的决定权一般掌握在决策人的手中。这些决策人对企业而言主要是指企业的负责人、董事长、总经理、厂长等。在这方面,客户服务人员应寻找相关的项目负责人,谁有决定权就在谁的身上多花些时间。

(四)对拜访过程做好计划和预测

我们常说"有备无患"。在电话拜访客户的过程中,有很多事情是未知的、具有变数的,为了能够有效地应对这些未知的变化,客户服务人员一定要对拜访过程做好计划和预测,否则的话面对拜访过程中出现的意外情况就会显得手足无措。

三、电话接通后的技巧

(一)印象深刻的开场白

电话接通后,客户服务人员不能直接进入主题,这样会让客户感到十分突兀,必须有一个过渡,也就是开场白。通过开场白,客户服务人员可以赢得客户良好的第一印象,从而为后续的洽谈奠定良好的基础,并使拜访的成功率大大提高。作为客户服务人员,应从以下两个方面入手。

1. 强化声音的感染力

电话拜访客户主要是语言沟通,对方只能听到客户服务人员的声音,这要求客户服务人员的声音一定要具有感染力,注意声音不易过大和过小,要给对方坚定的感觉,另外语速也不易过快。

2. 吸引客户的注意力

由于电话拜访远远没有见面对客户的吸引力大,因此,在谈话内容上,客户服务人员应当注意吸引客户的注意力。

(1)激发客户的兴趣的途径。

① 刺激性问题,从客户需求中发现客户的兴趣点,通过对兴趣点的刺激来激发客户的兴趣。

② 只提供部分信息,对于客户在电话中提出的问题,客户服务人员提供客户感兴趣的部分内容,引起客户面谈的兴趣,为见面奠定基础。

③ 显露价值的冰山一角,在电话沟通的过程中,对于能够给客户带来价值的事项,客户服务人员只是表达一部分,剩余部分留作见面谈话时使用。

(2)积极引导客户的需求。也就是对客户还不知道的产品性能,客户服务人员通过有意识的引导,开发客户的需求,进而为今后的面谈奠定基础。

(二)引导客户解决问题

在前面谈到了客户服务人员帮助客户发现需求和给客户带来有价值的问题和兴趣点,那么之后客户是否愿意通过客户服务人员所提供的产品或服务来解决问题呢?这还不一定。如果此时客户仍然无动于衷,那么客户服务人员不仅需要将这种问题的后果及严重性向客户讲清楚,而且还要让客户看到解决这些问题能给其带来哪些正面影响,这样才能深层激发出客户解决问题的欲望。然后,客户服务人员为客户提出解决问题的办法,即通过企业提供的产品或服务能够很好地帮助客户解决问题,从而使客户下定决心购买企业的产品或服务。

(三)扩大客户存在的问题

在电话沟通的过程中,有时候客户自己会发现问题,有时候需要客户服务人员的帮助客户才会发现问题,但这只是发现问题,还不能确定客户一定会与企业进行合作。当客户不能意识到问题的严重性时,客户服务人员可以将这种问题扩大化,将客户对现状的不满扩大成更大的不满,从而引起客户的高度重视,增强客户解决这类问题的紧迫性。

四、注意事项

(1)客户服务人员对客户要有称呼,如先生、经理、董事长等头衔一定要明确地叫出来。

(2)客户服务人员先说明自己的姓,再说明名字,以便加深客户的印象。如"我姓李,叫李力",这是尊敬自己、肯定自己的方法。

(3)客户服务人员要强调自己所在的企业。如果客户比较认同一个企业,那么就会对这个企业多一些信心。

(4)客户服务人员切勿在电话里分析市场大事,讨论哪家企业长哪家企业短,更不要在电话里进行批评,无论是优点还是缺点,都要避免在电话里提及。

(5)客户服务人员每个电话的时间以不超过3分钟为限。

(6)客户服务人员说话的语气要慢,口齿清晰。

(7)客户服务人员打电话的时间应在正规的工作时间,另外切勿在打电话时吃东西、吸烟。

(8)笑声是能感染对方的,所以客户服务人员在打电话时一定要带着微笑。

(9)客户服务人员摆放电话的台面上不要放置任何可供玩弄的东西,如打火机、订书机之类。

(10)客户服务人员的坐姿要正确,不要东倒西歪、摇摇晃晃。

第三节 见面拜访

一、拜访前的准备

在对客户进行拜访之前,客户服务人员必须进行全面的调查,以便尽量多掌握客户的相关信息,从而保证拜访的成功。

一般来说,客户服务人员拜访客户的程序如下。

(1)客户服务人员拟订拜访计划,包括拜访的地点、时间、方式、谈话的内容等。

(2)客户服务人员收集和分析潜在客户的资料,包括年龄、性别、婚姻状况、文化程度、职业、收入、健康状况、性格特点、投资经历、爱好特长、家庭状况等。

(3) 心理准备。拜访客户之前,心理准备是客户服务人员拜访成败的关键。客户服务人员在拜访之前心理准备比较充分的话会显得比较轻松,态度也会从容不迫,特别是在遇到不顺时也能从容应对。

二、面对可能受到的冷遇

虽然客户服务人员是为了服务客户才前去拜访的,但客户服务人员的拜访对客户的学习、工作和生活多少会有些妨碍,或者在客户情绪不佳时前去拜访会还有可能会受到冷遇,因此,客户服务人员事先要有充足的心理准备。

三、面对可能的失败

客户服务人员在拜访客户之前不仅要做最充分的准备,而且要做最坏的打算。如果拜访成功,固然可喜;万一拜访失败,客户服务人员也要把失败当成是对自己的磨炼,更加发奋努力。

四、努力消除客户的不友善态度

在拜访客户时,客户服务人员经常会遭遇不友善的对待,如何消除这些因素呢?

(1) 客户服务人员对自己应有正确的认识,首先应当肯定自己的拜访对于客户、企业和自己都是一件好事,这样才会产生自信心,也才能以不卑不亢的态度应对客户,客户也才会尊重客户服务人员。

(2) 当一个人情绪不佳时,原本极为友善的人也会变得不可理喻。聪明的客户服务人员应有敏锐的观察力,当发现客户的脸色不对时可先行告退,与其约定下次拜访的时间。虽然此次拜访不是很成功,但是,如果客户服务人员能给客户留下良好的印象,通常客户会给客户服务人员下一次拜访的机会。

(3) 客户服务人员要以友善的态度给客户留下良好的印象。表现友善态度的最好的方法是微笑,真诚的发自内心的微笑。

要消除客户的偏见实非易事,要靠客户服务人员的耐心、毅力以及锲而不舍的精神。

除了上面所述的以外,客户服务人员一定要既迅速又明确地把"我能够给您带来好处"或"我能够替您解决问题"的信息传达给客户。

五、进一步拜访

(一) 锁定拜访对象

拜访对象的选择是见面拜访的重要事项,其正确与否将直接决定后续工作是否能顺利地开展,从确定拜访对象来讲,应注意两条原则。

(1) 拜访有决定权的人。也就是一定要找到在决策过程中有决策权的人,只有找到这个人才能进行下一步的洽谈,这是见面拜访的关键。

(2) 不要忽略有影响的人。无论是企业员工也好,还是家庭成员也好,对决定权有影响的人可以直接决定事情的成败。因此,在对有决定权的人拜访后,客户服务人员一定要注意对有影响的人的拜访,拜访的先后顺序依据具体情况而定。

（二）慎选拜访时间

拜访时间如果不恰当会引起客户的反感,因此客户服务人员要慎选拜访时间。对于客户拜访时间的确定,应当遵循工作的事情工作时间拜访、私人的事情私下时间拜访的原则。在工作时间,一般每周的周一上午和周五下午,以及每天上班的前一个小时都不太适宜,因为这时客户需要处理一些工作上的紧急事情。对于私人拜访,一般应在晚上9:00以前,节假日的前一天或者第一上班也不是最佳的拜访时间。

（三）选择有利的拜访地点

客户服务人员选择有利的拜访地点可以极大地促成洽谈成功,因此必须遵循两条原则:(1)选择有利于交流而不受外界打扰的地方;(2)拜访的地点以对客户较方便为宜,要尊重客户的意见。

（四）明确拜访的目的

(1) 礼节性拜访。礼节性拜访,是指没有明确的商业目的,对客户进行的一般性访问,其主要特征就是通过礼节与客户加深感情的沟通。

(2) 取得预约。取得预约是电话拜访的一个主要目的,即客户服务人员通过电话拜访赢得面谈机会,因此,这种拜访切记不要在电话中谈论商业细节。

(3) 正式拜访。因为一个或几个商业问题对客户进行拜访时,客户服务人员注意一定要向客户阐明此次拜访的目的,这样才能做到有的放矢。

(4) 邀请客户到企业参观。这也是一种拜访客户的形式,通过参观企业的形式,客户服务人员可以达到礼节性拜访和商务洽谈的多重目的,并且,由于是在自己的企业,相对来说自己在谈话中心里已经占据了主动。

(5) 留住客户。应该说所有拜访的目的都是为了留住客户,只是方式不同而已。

客户服务人员明确了拜访目的以后,与客户谈话时就可以做到井然有序,这样不仅可以增强拜访的信心,而且能够抓住重点,在短短的面谈时间里达到拜访的目的。

（五）明确谈话的内容

客户服务人员在拜访之前必须根据拜访的目的准备好谈话的内容。为了完成拜访的使命,客户服务人员最好在拜访之前先做预演,把拜访时可能发生的情况假想若干遍,并把客户可能提出的问题在自己的心中先做个解答。

第三章

客户细分与客户定位

第一节 客户细分

客户是企业最宝贵的资源,没有客户资源,企业就丧失了生存和发展的土壤。全世界的供应商都在千方百计地取悦自己的客户,尽自己最大的能力满足客户的需求,力图赢得客户的欣赏和忠诚,以获取利润。在商业竞争日趋激烈的今天,无数的事实证明,只有不断地发现和利用机会,了解客户的喜好,满足客户的需求,赢得客户的信任,企业才能够在瞬息万变的竞争环境中求得生存和发展。

企业的盈利和发展取决于客户的价值水平、客户满意度和客户忠诚度等因素。如何吸引和锁定客户,如何赢得进而提高客户的满意度和忠诚度,这成为企业最为关心的问题,也是客户关系管理能否成功的关键。因此,我们有必要进行客户细分。

一、客户细分的概念和目的

客户有狭义和广义之分。狭义的客户,是指产品和服务的最终使用者或接受者。广义的客户要结合过程模型来理解,任何一个过程输出的接受者都是客户。根据系统的观点,企业可以看作是由许多过程构成的过程网络,其中某个过程既是它前面过程的客户,又是它后面过程的供给方。如果我们划定了系统的边界,那么在企业内部存在着内部供给方和内部客户,在企业外部存在着外部供给方和外部客户。因此,我们经常说下一道工序是上一道工序的客户,这里的客户就是广义上的概念。在不同的情况下,企业的客户可以是一个人、一个目标群体或一个组织。因此,客户的分类是很重要的。客户可以按性别、年龄、文化程度、职业、收入、居住地区等进行分类,也可以按专业与非专业、消费时间长短、目标与非目标等进行分类。所谓客户细分,就是指在明确的战略业务模式和专注市场中,根据客户的价值、需求和偏好等综合因素对客户进行分类,并提供有针对性的产品服务和营销模式。

从客户价值的方面来看,不同的客户能够为企业提供不同的价值,很多企业已意识到这个问题,不再简单地追求客户的数量,而是更多地寻求客户的质量。企业要想知道哪些是自己最有价值的客户,哪些是企业的忠诚客户,哪些是企业的潜在客户,哪些客户的成长性最好,哪些客户最容易流失,企业就必须对自己的客户进行细分。

企业的资源和能力都是有限的,如何对不同的客户进行有限资源的优化应用是每个企业都必须考虑的。所以,在进行客户管理时企业非常有必要对客户进行统计、分析和细分。只有这样,企业才能根据客户的不同特点进行有针对性的营销,从而赢得、扩大和保持高价值的客户群,吸引和培养潜力较大的客户群。

另外,客户细分使企业所拥有的高价值的客户资源显性化,并能够就相应的客户关系对企业未来的盈利影响进行量化分析,并为企业进行决策提供依据。

二、客户细分的方式和客户的主要类型

进行客户细分的标准有很多,一般而言,企业可以参照客户的个性化资料、客户的消费行为(消费习惯、数量和频率)、客户的购买方式、客户的地理位置、客户的职业、客户的关系网、客户的知识层次、客户的规模、客户对企业的贡献、客户的忠诚度、客户的信誉度、客户是否流失、客户是否为新顾客等因素进行客户细分。这些都是比较传统的细分标准。以下我们就两种更适合客户关系管理的客户细分方式进行讨论。

(一)根据客户与企业的关系进行细分

企业产品或服务的众多购买者,其购买的目的并不相同,因此与企业的关系也就不相同。这一点可以作为企业对客户进行细分的依据。这样的细分可以帮助企业充分认识到自己的客户的特点,从而可以对不同的客户采取不同的策略,最大限度地实现资源最优化和有效的管理运营。

根据客户和企业的关系,客户可以细分为以下四种类型。

1. 一般客户

更确切地说,这里的"客户"应当是零售消费者。这类客户一般是个人或家庭,主要购买企业的最终产品或服务。其特点是:数量众多但消费额一般不高,往往是企业最为关注、花费精力最多却总是费力不讨好的客户群。

2. 企业客户

这类客户购买企业的产品或服务的目的并非用于自身消费,而是在其企业内部将购得的产品附加到自己的产品上,再销售给其他的客户或企业。

3. 内部客户

内部客户,是指企业(联盟企业)内部的个人或业务部门,他们需要企业的产品或服务来达到自己的商业目的。这类客户往往最容易被企业忽略,但同时他们又是最具长期获利性的客户。企业雇员应该是企业最重要的内部客户之一。

4. 渠道分销商和代销商

渠道分销商和代销商一般是直接为企业工作的个人或机构,通常无须企业为他们支付工资,他们购买企业的产品或服务的目的就是进行销售获利,或是作为该产品或服务在一个地区的代表或代理。

（二）根据客户的价值进行细分

客户对企业的价值是不尽相同的,很多企业90%的盈利只来自于20%的客户。或者说80%的客户让企业赚不到多少钱,有的客户甚至让企业赔钱,这就是所谓的帕雷托80/20法则。因此,企业要能够找出对自己最有价值的客户资源,发现最为珍贵的客户,以便有的放矢地开展营销,有针对性地实施客户关系管理。

依据客户的价值和其在企业总客户中所占的比例,客户可以细分为以下几类,并形成一个"金字塔"式(如图3-1所示)。

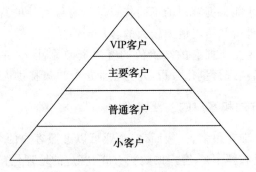

图 3-1　客户金字塔

1. VIP客户

这类客户的数量不多,但消费额在企业的销售额中所占的比例很大,对企业贡献的价值也最大。他们位于金字塔的顶层,一般情况下占企业客户总量的1%左右。

2. 主要客户

这类客户指的是除了VIP客户以外,消费金额所占比例较多,能够为企业提供较高利润的客户。这类客户约占企业客户总量的4%。

3. 普通客户

这类客户的消费额所占比例一般能够为企业提供一定的利润,占企业客户总量的15%左右。

4. 小客户

这类客户人数众多,但是能为企业提供的盈利却不多,甚至企业不盈利或亏损,他们位于金字塔的底层。

（三）从企业产品服务的角度看客户细分

不是为了细分客户才进行客户的细分,企业将客户进行细分的目的是为了更好地进行运营,更好地将有限的资源加以优化利用。细分不是目的,通过细分认清客户的类型,找到最有价值的客户才是企业真正的目的。

下面我们从企业产品服务的角度来考察客户的细分。

首先,企业要紧紧地抓住VIP客户和主要客户。但是,怎样才能够抓住他们呢？另外,企业的VIP客户和主要客户与企业的关系又是什么样的？他们是企业的零售消费者,还是企业客户,或是代理商,抑或是企业的内部客户？只有当这一切都搞清楚了,企业才能够有的放矢,才能够优化运营。因为不同类型的客户的购买目的不同,必然影响其对企业的产品或服务的要求也有所不同。下面是四类客户对企业的产品或服务的要求。

(1) 零售消费者——要求产品质量好、价格低、外形好、售后服务完善等。

(2) 企业客户——要求产品的兼容性高、质量好等。

(3) 代理商——要求产品性价比高、供货渠道通畅、售后服务完善等。

(4) 内部客户——要求良好的企业关怀、光明的企业前景、信息交换迅速通畅等。

由此可以看出，不同的客户对企业的产品或服务的要求是不同的，这就要求企业要有针对性地开展生产和营销，以便取悦重要的客户，锁定最有价值的客户群。

我们依据企业对客户的不同反应将客户分为以下四种类型。

1. 屈从型

企业应当屈从于最有价值的客户（如 VIP 客户），了解甚至预测他们的需求，满足他们的需求，培养他们的兴趣，赢得他们的信任，努力与他们建立一种稳定的信任关系。企业的产品或服务应当向这类客户倾斜，尽可能地取悦他们、锁定他们，赢得他们的忠诚，因为只有这样才能获得稳定而高额的利润。

2. 关怀型

对于主要客户，企业当然不能放弃，但是从"屈从"转变成了"关怀"。企业应当跟踪调查这类客户的需求，随时与他们保持联系，在企业的产品中反映出这类客户的需求，以赢得他们的满意，并进一步强化与他们的关系，获取他们的忠诚。

3. 适应型

企业不需要为这类客户的特殊要求而兴师动众，只需要使自身的产品或服务适应他们的需要，能够引起他们的兴趣即可，这时企业应当说是以自身为主的。

4. 冷漠型

有一些客户根本就不能为企业带来利润，甚至只能让企业亏本，因此这类客户属于被淘汰的范围，企业不必为他们浪费资源，对其只需要采取冷漠的态度即可。

三、CRM 与客户细分

长期以来，企业已经习惯对客户进行宏观细分。传统的分类方法，如人口统计法、心理描绘法、几何统计法和行为聚类法等，尽管都有其科学的一面，但它们共同的缺陷之一就是对于信息的搜寻缺乏有效的手段。传统的客户信息搜寻方法，一般不外乎是采用面对面访问、问卷查询等。这样做的缺陷是很明显的，如需要大量的人力、物力。另外，调查的范围狭窄，真实性不能保证，不具有实时性等。

现在有许多的企业已经意识到这一点，在自身的企业信息化的基础上，开始通过其内部的信息系统来统计和分析所得到的数据。当前，企业内部的信息系统很多，有财务系统、订货系统、存货系统和资产管理系统、分销系统等。但是，其中最大的一个缺陷是这些系统缺乏统一的数据规划和信息处理技术要求，在联系、使用、实施及运营上数据结构各不相同。这样的直接后果是企业难以产生聚焦于以客户为中心的数据，甚至会在不同的系统里产生相互矛盾的以客户为中心的数据，因此，使用当前的企业信息系统收集客户信息进行客户细分，产生的效果是不能令人满意的。

企业需要新的管理和信息处理方法，客户关系管理就是这样的一种方法。在客户关系管理中，企业使用的是基于客户的数据仓库，从而使它们与传统的运营型数据库区别开来。客户关系管理中的数据仓库已经不仅仅是一个存储数据的储藏室,它能将企业所需的客户信息进行统计分类,形成真正的、实用的企业客户信息。

企业不可能挨家挨户地进行信息调查,也不能只了解某些特定类型客户的大致情况。企业所需要的是客户的详细资料,如客户的名称、地址、偏好、消费额、售后意见等信息都必不可少。企业的周围随时随地都充满了客户信息,关键是怎样去发掘,除了客户购买所留下的信息以外,企业还应主动地向客户了解寻求相关信息,只有这样才能够对客户进行有效而准确的细分。

客户细分是客户关系管理的基础,也是实施客户关系管理的关键一环,企业要从战略的角度出发,做好客户细分,有了良好而准确的客户细分,客户关系管理就有了成功的基石。

第二节　客户定位分析

一、客户定位

在客户导向战略的指引下,企业在变革时应当考虑自己的客户定位问题。在传统的商务模式中,客户要得到产品的咨询或服务,通常要么经过一个曲折的自行联络过程,要么借助于企业的中间代理。企业与客户直接交往的机会和渠道并不多,因此大多数企业的客户定位仅是局限在市场营销的层面。现在,传统上的中间代理、销售渠道和分支机构都将因为 Internet 平台的运用,或逐渐被取代,或逐渐消失(企业与其客户或供应商等合作伙伴更多的将建立以"电子关系"为表象的、互动的客户关系)。这样,企业的客户定位如果不十分明晰和准确的话,任何业务的开展和效益的取得都将无从谈起。

更为重要的原因在于,由于目前铺天盖地的营销信息已经充斥着人们的生活,任何企业强行推销给客户的产品或服务信息都有可能面临被当作垃圾信息的结局。所以,如果企业不能及早设法与客户建立一对一的互动关系,就不可能与客户进一步进行交流和沟通,开展产品推广或服务营销活动。也就是说,企业今天不着手进行自身的客户定位,将来就不可能与客户建立起长久坚实的客户关系,不能发挥网络营销和服务的优势。那么,企业应该如何为自己进行客户定位呢?

二、客户定位四步法

在树立了对于客户和客户关系的正确认识后,企业开展客户定位的具体方法多种多样。但这些方法的核心无一例外都是,如何区分企业要与其建立一对一关系的目标客户。美国咨询公司 White Whale 提出的"四步法"被视作是开展客户定位时的一种效果良好的方法,下面简要介绍这一方法。

第一步:准确识别谁是你的客户。有些企业拥有数量极其庞大的客户群体,对于其中的一些客户,企业或许还没有意识到他们的价值。而如果不能清楚地掌握客户的真实姓名和身份，企业想与其建立一对一的关系从何谈起？目前，企业大部分的客户记录来自于内部账目、客户服务部门和客户数据库，有一些企业还成功地频繁启动营销方案和会员制度来了解自己的客户群，还有一些企业则选择并利用来自客户群、分支机构、战略合作伙伴或者第三方的数据资料。Internet以及呼叫中心等新技术使企业可以开拓更多的市场渠道并获得更多的客户信息。无论采取哪种方法，企业都要获得客户真实、具体、详细的身份，以便开展下一步的交流和互动。

第二步：区分客户群中的不同客户。相比之下，有些客户可能会为企业带来更大的利润，有的客户则更具有长远的价值。衡量客户对企业的价值的标准要看客户对企业产品或服务消费的增加潜力及其对企业的长期价值。目前，企业可以用每个客户的平均收益、较高利润的产品或服务的使用百分比、销售或订单的趋势（升或降）以及客户支持或服务的成本等替代值来评估客户的长期价值。在为客户群分类时，一定程度上企业运用8∶2（即80%的利润由20%的客户带来）规则来区分不同的客户，往往能收到较好的效果。然后根据客户对企业的价值的不同将其分在不同级别的组内，同一组内的客户对企业具有相同或相似的价值。按照这种分类法，对企业价值最大的客户组被称为"最具价值"客户；对企业的价值仅次于"最具价值"的客户组被称为"最具成长性"客户，这组客户也有可能成为"最具价值"客户；还有一类客户组被称为"低于零点"客户，是因为企业为支持和服务于这一类客户组的成本可能会超出边际收益，因此对于企业来说意味着负面的价值。在"最具成长性"客户与"低于零点"客户之间还会有多个其他的客户组，他们没有明显的长期价值，但仍然会给企业带来利润。

第三步：与对企业具有长远利益和值得去发展一对一关系的客户进行高质量的互动。可以肯定，企业对于"最具价值"客户、"最具成长性"客户与"低于零点"客户必然要区别对待。企业应当让"最具价值"客户知道他们的重要性，让他们能清楚地感觉到企业是按他们的需要为其提供新产品和新服务。比如，企业可以通过让"最具价值"客户参与产品的开发和生产流程设计，这是一个充分理解客户、满足客户需要的很好的机会。为了使企业与"最具价值"客户的互动行为更为有效，企业还有必要按照客户需要分为若干个组，每组由不同的经理负责。经理的作用是开发客户组中客户的长期价值，因而应被赋予适当改变企业的运作的权力以支持客户、满足客户需要。对于"最具成长性"客户来说，也需要在一定的范围内提供个性化服务，促使其成长为"最具价值"客户。而对待"低于零点"客户方面，适当的策略也很重要。如美国的一些银行向"低于零点"客户收取服务费或产品的价格定位在某一点，这个价格会让这批客户或是转向其他的企业，或是带来值得企业去保留的价值。

第四步：提供个性化的服务、产品或满足客户的特殊需要，提高其购买力并加强客户关系。为了使"最具价值"客户的需要得到满足，企业应该使其信息沟通、产品和服务带有个性化特征，个性化的程度应该与客户的需要相对应。

企业的客户定位，简言之就是要最准确地发现客户的有效需求，然后致力于解决该类型客户的需要。我们用一个实际的案例来说明从客户需要进行客户定位的意义和价值。这个案例最早是由美国印第安纳大学的运作管理学教授罗伯特·希尔在研究质量流程问题时使用过的：日本石水住宅局的工厂用标准房屋组件定制房屋，其中房屋的布线是按"智能屋"来设置的，使用计算机辅助设计（Computer Aided Design，CAD）用3天就可以完成80%的工作。但是,石水住宅局接下来用于和客户共同商讨设计房屋的时间几乎等于组装房屋组件的时间;而最后在建筑工地房屋建成30天后才可以入住,其中大部分时间也花在调整上,因为即使业主自行设计、自定风格,房屋落成后仍然会有不满意之处,通过调整就可以完全适合客户的口味。石水住宅局的业务取得了很大的成功,其经验就在于,企业要定位于采取有效措施来满足客户特定的需要,甚至包括引导客户发现自己真正的需求。

第三节　客户细分指标与客户顺序模型

随着市场竞争的日益激烈,企业发现如果单纯地追求销售额的话,由于生产成本和销售费用越来越高,结果利润反而下降。企业由此开始通过在生产和营销各个部门的所有环节上最大限度地削减生产成本和压缩销售费用来实现利润最大化。但是,成本不可能被无限制地削减,当企业对利润的渴求无法或很难再从削减成本中获得时,就将目光由内而外转向了客户,努力通过把握客户的需求来增加利润。企业从内部挖潜转向争取客户,以客户为中心的战略就必然地提上了日程。那么,如何对待不同的客户,哪些客户是"最具价值"客户,这一切问题解决的基础是对客户的分析,也是实施客户关系管理的前提。

一、客户的分类指标

企业开展客户分类研究的目的是研究如何提升客户满意度,从而改善客户关系。用以衡量满意度的指标,即客户忠诚度。因为对于企业来说,仅仅知道和了解客户对企业已经或正在提供的产品或服务的满意程度,其一般只是具有借鉴和参考的作用,只是意味着企业获得了进入市场的"通行证",而只有通过满意度研究来掌握客户对企业产品或服务的信任和忠诚程度,这对于企业发掘潜在客户和需求、增加未来市场销售才具有重要的指导意义。

企业无疑都希望拥有忠诚的客户群体,这部分群体不仅对企业的品牌忠心不二,而且乐于说服他们身边的人成为同一品牌的消费者。因此,很多企业在开展客户满意度研究的同时,也开展了客户忠诚度的分析,并组建相应的部门或聘请市场调查研究机构,对自己的客户群体进行定性测试和定量测试,试图掌握客户群体的忠诚度,发掘其潜在需求,促进未来业务开展的可能性。

企业在对于客户忠诚度的研究中,应当设计一系列定量指标来考核工作目标。但是,由于企业的具体经营情况有很大的不同,因此,不同的企业在设计客户忠诚度的量化考核标准时可以从自身各个方面加以考虑,根据实际情况选择合适的因素,并给以不同的权值来得出一个综合评价得分。通常一些企业通用的和相对重要的考核指标有以下五种。

(一) 客户重复购买率

在考核期间内,客户对某种产品或服务重复购买的次数越多,说明客户对此产品或服务的忠诚程度越高;反之则越低。此项指标还适用于同一品牌的多种产品,即如果客户重复购买企业同一品牌的不同产品,也表明其忠诚度较高。

（二）客户对本企业和竞争对手的商品或品牌的关注程度

客户通过购买或非购买的形式,对企业的产品或品牌予以关注的次数、渠道和信息越多,表明其忠诚度越高。如果客户对企业的竞争对手的产品或品牌的关注程度提高,多数是由于客户对竞争对手产品或服务的偏好有所增加的缘故,表明其忠诚度可能下降。

（三）客户对产品价格的敏感度

一般来说,客户对产品或服务价格的敏感程度越低,则其忠诚度越高,因此企业可以借价格调整、客户购买量的增减等来侧面考察此项指标。但是,需要注意的是,忠诚客户对商品价格的不敏感,并不意味着企业可以利用单独的调价行为来获取额外利益,因而要结合产品的供求状况和对于人们的必需程度等综合进行考察。

（四）客户购买行为的选择时间

客户选择产品或服务所用的时间越短,表明其忠诚度越高。因为,客户在购买产品或服务时,只有对自己曾经使用过并且相信的品牌,才能在短时间内做出购买决定,而这种信任就是忠诚度的很好体现。

（五）客户对产品质量事故的承受力

客户的忠诚度越高,对产品出现的质量事故也就越宽容。

企业根据以上指标设计适合自身情况的指标体系,采用相应的客户忠诚度解决方案:可以提高客户"回头率",增加单位客户销售额,减少客户流失率;可以对市场形势进行准确的判断,使产品或服务设计更具有针对性;可以向企业决策者提供关于产品和市场的专业参考意见;可以使企业在获取丰厚利润的同时,树立更具亲和力的形象,为开发潜在市场打下牢固基础。

二、客户分类依据

客户分类是一项非常具体而难度很大的工作,在此运用营业收入指标、资信状况指标、市场份额指标、客户经营的状况指标对客户进行评价,得出客户规模和客户的信用等级的分类依据。

（一）营业收入指标

营业收入指标是企业所拥有客户的每年的销售总额,主要是从数量上对客户加以识别。如对某运输公司而言,我们一般可以做出以下确认,即年运输收入总量在500万元以上的客户为大型客户;100万～500万元的客户为中型客户;50万～100万元的客户为小型客户;5万元以内的客户为零星客户,此项指标可以确定客户规模。

（二）资信状况指标

资信状况指标是参照目前国际通行的资信信誉度来对客户进行分类的指标,企业的客户资信状况可以分为四等,即最好、较好、一般、较差。除此以外的,企业将归为无信誉类别(参见表3-1)。

表 3-1 企业资金状况指标资信评价表

资信级别	24个月内资金回收状况	最长付款周期/天	资信评价
A	90%～100%	45	最好
B	75%～90%	75	较好
C	60%～75%	105	一般
D	30%～60%	255	差
E	0%～30%	>270	无信誉

（三）市场份额指标

市场份额指标是按客户原材料、产成品及其他各类采购物品的市场份额而划分的指标。企业一般可认定，市场份额在80%以上的客户为稳定客户；市场份额在50%～80%的客户为基本稳定客户；市场份额在50%以下的客户为不稳定客户；市场份额在30%以下的客户为极不稳定客户。

（四）客户的经营状况指标

客户的经营状况指标其实反映了客户的信用等级，是第一项指标和第二项指标的综合，反映客户的信用等级是对客户性质评价的重要描述，也是客户关系管理中对客户进行分类而需要特别注意的一个重要参考指标。事实上，客户经营状况的好坏及客户所处的发展阶段在一定程度上影响着企业的获利情况，在这一指标上，企业可以根据客户经营状况的不同而将他们分为四个信用等级：(1) 特级客户——经营状况良好，有稳定的盈利；(2) 一级客户——经营状况一般，保持收支平衡或略有盈利；(3) 二级客户——经营状况一般，有亏损，但是总体业绩呈上升趋势；(4) 三级客户——经营状况较差，有亏损，并且没有好转的趋势。

三、类型组合的客户分类法和运作策略

（一）按客户信用等级与忠诚度结合进行分类

按客户信用等级与忠诚度结合进行分类，客户分为以下四种类型（如图3-2所示）。

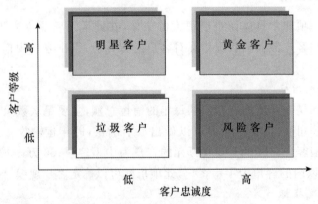

图 3-2 客户信用等级-客户忠诚度矩阵

1. 低信用等级-低忠诚度客户

这类客户是没有开发潜力或者是开发成本过高的客户企业，他们在对企业服务接受程度很低的同时，还没有良好的信用保障，使得企业对这种客户的开发失去了信心，假设不考虑这类客户的开发难度和开发成本，即使能够成功地开发这类客户，企业也没有收

回成本并取得利润的保障。这无疑是不值得考虑的一类客户,所以也称为垃圾客户。

2. 低信用等级-高忠诚度客户

这类客户可以称为风险客户,即他们喜欢企业提供的产品或服务,但是却不喜欢为自己取得的产品或服务付出相应的费用,所以对于这种客户的后期维护成本很高。因此,企业应根据实践做出相应的考虑,即在新产品或新服务开发的初始不要主动与这类客户联系,而应该在新产品或新服务的推广阶段才可以考虑对这类客户的开发。

3. 高信用等级-高忠诚度客户

这类客户是企业的黄金客户,如果对这些客户采取了有效的措施,将会为企业的发展注入新的动力,也会稳定地保持企业的收益,并可以使企业获取良好的综合效果。因此,这类客户应是企业开发客户时的首选对象,企业需要与其建立畅通的沟通渠道,建立"一对一"的互动联系,并及时地向他们通报企业的信息,为他们提供最新的服务组合以及其他最好的服务。事实上,对于这类客户的开发将会有效地实现企业与客户的"双赢"策略。

4. 高信用等级-低忠诚度客户

这类客户是企业发展的主攻方向,所以这类客户也被称为明星客户。如果有效地开发这类客户,无疑会增大企业拥有"黄金客户"的比例,也会为企业带来更多的收益。对于这类客户,培养他们的忠诚度,培养他们对企业的兴趣,提高他们对销售方案的认可程度是企业的首要任务。同时,在对这类客户的开发过程中,若能加以积极、有效的引导,企业将会取得更好的效果。

根据以上分析,依据"客户信用等级-客户忠诚度"进行客户分类方法,推出最具价值客户顺序(如图 3-3 所示)。

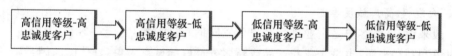

图 3-3　客户信用等级-客户忠诚度分类的最具价值客户顺序模型

(二) 按客户规模与客户忠诚度结合进行分类

按客户规模与客户忠诚度结合进行分类,客户可以分为以下四种类型(如图 3-4 所示)。

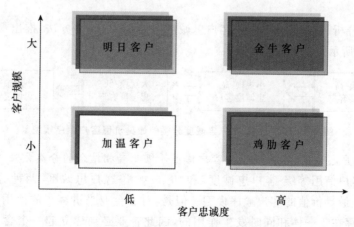

图 3-4　客户规模-客户忠诚度矩阵

1. 小规模-低忠诚度客户

这类客户的开发不仅需要企业投入大量的人力、物力,而且需要耗费相对较长的时间,即便如此,所取得的开发结果往往还难以令企业满意。所以,企业对这类客户的开发,只有在进入全面占领市场阶段时方可做考虑。换言之,企业可以先开发其他类型的客户或其他容易开发的客户,以对这类客户进行前期示范性的"加温"处理,这样将会为后期对他们的直接开发降低一些难度。

2. 小规模-高忠诚度客户

对于企业而言,这类客户宛如"鸡肋",要从两个方面来进行分析。首先,应该肯定这类客户是对企业发展有益的客户,且他们对于企业提供的新产品或新服务具有很高的忠诚度,有试用的意愿和兴趣。但是,从这类客户的规模上来考虑,对其进行开发需要具有较强专业客户开发与服务能力的队伍。此外,由于这类客户相对分散,需要比较长的开发时间,则投入的开发成本可能也比较高。显然,恰当的时间选择和比较高素质的队伍要求是企业必须解决的问题。

3. 大规模-低忠诚度客户

这类客户是企业进行新产品或新服务开发的过程中具有不稳定性质的客户,且对其开发的顺序往往也比较难以确定。因为这类客户的忠诚度虽然较低,但企业对其进行开发又有很高的预期收益,开发成功极有可能成为金牛客户。在开发时,企业在初期阶段所需要投入的推广人员相对较少,则平均开发成本较低,便于企业的初期开发工作。企业针对这类客户的初期开发一旦成功,既可以为企业带来相对较大的收益,又可以为企业业务取得不错的示范和推广效果,因此这类客户也被称为明日客户。不过,应该特别注意开发这类客户对推广人员素质的较高要求。

4. 大规模-高忠诚度客户

一般来说,这类客户是企业进行客户开发时的首选对象,是金牛客户,是企业主要的服务对象和利润来源,也是企业新产品或新服务最好的试点对象,具体的原因:其一是获得的营业额大,具有很好的规模效应;其二是大规模客户的示范效果好,对其他类型客户的辐射能力强,可以帮助企业进行免费的推广与宣传;其三是大规模客户一般具有相对较强的经济实力作为保障;其四是所需要的平均客户支持小于其他类型的客户,可以节省人力资源。

根据以上分析,依据"客户规模-客户忠诚度"进行客户分类方法,推出最具价值客户顺序(如图3-5所示)。

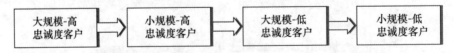

图3-5 客户规模-客户忠诚度分类的最具价值客户顺序模型

(三) 将客户忠诚度、客户规模与客户信用等级三者相结合的分类方法

经过对"客户信用等级-客户忠诚度"和"客户规模-客户忠诚度"两种分类方法的分析,建立了两个最具价值的客户顺序模型。但是,对于企业来讲客户的信用等级、规模和忠诚度是同时存在于一体和同时发生作用的,因此企业必须建立起一个含信用等级、规模和忠诚度三维变量的最具价值客户的顺序模型。如图3-6所示,在这三个变量中高信

用度是第一位的,因为它是客户各种综合指标的整合,反映客户的综合能力和未来发展的前景;第二位的是客户的规模,这一变量在短期内变化较小,但客户的规模却和企业的获利程度成正比;第三位的是客户忠诚度,这一变量可以随着企业对客户的关系管理的程度而发生巨大变化,这也是企业建立良好的客户关系的重点工作,通过实施客户关系管理提高客户的忠诚度,进而提高客户的顺序级别。

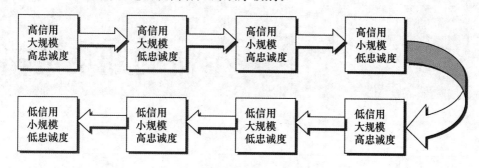

图 3-6　最具价值客户的顺序模型

从图 3-6 我们可以得到以下八种类型的客户:
(1) 高信用-大规模-高忠诚度;
(2) 高信用-大规模-低忠诚度;
(3) 高信用-小规模-高忠诚度;
(4) 高信用-小规模-低忠诚度;
(5) 低信用-大规模-高忠诚度;
(6) 低信用-大规模-低忠诚度;
(7) 低信用-小规模-高忠诚度;
(8) 低信用-小规模-低忠诚度。

这八种类型的客户对于企业的重要程度来说是逐级降低的,企业的工作是使客户逐步升级。因此,企业希望前六类客户尽量多一些,并且为这些客户提供优质的服务。对于最后两类客户,企业应当加强管理,对于这两类客户可以考虑将其剔除出客户名单,也就是说,通过客户细分,企业必须明白,客户服务人员不是对所有的客户提供优质的服务,甚至对一些客户可以不提供服务。

第四章

客户生命周期及策略

第一节 客户生命周期

客户生命周期通常也称客户关系生命周期,是指一个客户在购买产品或服务与企业发生关系的过程。其强调的是客户从潜在需求、产生意向、真正购买、结束购买的发展过程。客户生命周期是非常重要的,因为它直接影响客户对一个企业的长期价值。

一般认为,企业可以通过以下三种方法来提升客户的价值:

(1) 对客户已有产品,通过增加原有产品的效能来提升产品的购买价值;

(2) 向客户出售更多、更容易升级的产品;

(3) 使客户能长期购买本企业的产品。

最有价值的客户是所有企业争取的对象,具有较强的不稳定性,客户和企业的关系随时间会不断地发展和变化,因此了解客户和企业的关系是客户关系管理中至关重要的内容。

客户的背景资料指的是客户和企业在商业交往中的详细档案。比如,企业通过什么途径与客户建立服务关系?客户通过什么样的方式对产品或服务进行投诉?客户想新开一个账户需要填写哪些表格?客户通过什么方式来更新资料中的电话号码等?诸如此类的问题,都是一个企业必须要面对的问题。

有趣的是,正是这些客户的背景资料构成了客户生命周期的重要阶段。在此有一些共同的阶段是每一个客户都要经历的,但每一个客户经历每个阶段的时间各不相同,各个阶段里的详细资料会因客户从事的行业和企业的不同而有所差异。因此,了解客户的经历,就为企业进行数据挖掘(Data Mining)提供了重要的线索。

客户生命周期为何如此重要?首先,客户生命周期是一个框架,可以用来理解客户的消费行为。数据挖掘可以植入客户生命周期的不同阶段中,了解客户生命周期可以提高数据挖掘的效率。除此以外,某些客户的生命周期事件是非常重要的。如果企业能够预测这些变化将是极有意义的。

客户生命周期是客户关系水平随时间变化的发展轨迹,它直观地揭示了客户关系发展从一种状态向另一种状态运动的阶段性特征。客户生命周期包括从一个客户开始对企业进行了解或企业欲对某个客户进行开发开始,直到客户与企业的业务关系完全终止且与之相关的事宜完全处理完毕的这段时间。客户生命周期是企业产品生命周期的演变,但对任何企业来讲,客户生命周期要比企业某个产品的生命周期重要得多。根据关系的不同,客户生命周期可以分为以下四个阶段(如图4-1所示)。

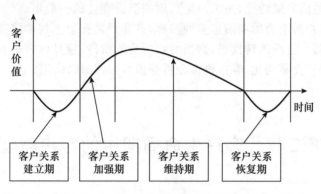

图 4-1 客户生命周期的四个阶段

客户生命周期主要强调的是企业和客户(即消费者、企业)之间的关系,根据关系的不同可以分为客户关系建立期、客户关系加强期、客户关系维持期和客户关系恢复期。

一、客户关系建立期

客户关系建立期是客户关系的培育开发阶段,始于企业对目标客户的选择和认定,潜在客户一旦被企业作为目标客户予以培植就会进入这个阶段。处于这个阶段的客户,要么还不是企业的现实客户,要么是零星购买的小规模客户,企业还不能从他们的身上获取现实的利润。但是,企业与他们的关系应是具有发展前景的,未来有可能形成良好的客户关系。

二、客户关系加强期

在成功经过客户关系建立期后,客户关系便进入加强期。处于这个阶段的客户,他们已经是企业的现实客户,其购买规模不断扩大,企业对他们的客户关系管理的费用不再大量增加,甚至有所下降;他们开始为企业提供了现实的利润,尽管利润不高但却保持持续增长的态势。

三、客户关系维持期

经过较长时间的发展后,企业与客户的关系形成比较稳定的状态,便进入稳定发展期。处于客户关系维持期的客户,他们一般是企业比较忠诚的客户,虽然与企业的交易不再具有明显的成长性(不排除二次成长的可能性),但他们通常将其大部分甚至全部采购业务给予了企业,为企业提供了大部分的现实利润,属于企业的"最具价值"客户。

四、客户关系恢复期

由于各种各样的原因,客户与企业的关系或早或晚地要进入衰退阶段,退出客户群体,结束客户关系。在这个阶段,一部分客户可能通过努力使自己仍然成为企业的客户,因此,这个阶段又称客户关系恢复期。处于客户关系恢复期的客户,由于破产倒闭、经营方向调整、重要人事变故、增加与竞争对手的业务、自然人客户的死亡等原因,企业从他们的身上获得的订单及利润不断减少直至为零,企业在这个阶段的重要任务是如何挽回与这类客户的关系。

以上各个阶段的发展转化,是客户生命周期演进变化的一般形态(正常形态)。在现实生活中,具体客户的生命周期形态多种多样,并非严格按以上规律演变。此外,如何认识客户生命周期各个阶段的转换点,判断客户所处的阶段,应具体客户具体分析,企业通常要根据客户特征、交易变化、客户价值分析等因素综合加以确定。

第二节 客户生命周期中的客户类型

对应客户生命周期的主要阶段,客户可以分为潜在客户、有意向者、真正客户、历史客户(如图 4-2 所示)。

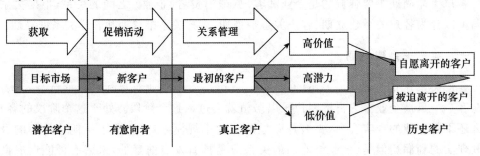

图 4-2 客户的生命周期阶段

一、潜在客户

潜在客户,是指目前还没有成为企业客户的目标市场客户。他们是企业未来的价值提供者,是企业的目标市场,企业认识到这一点并加以区别对待是非常重要的。

二、有意向者

有意向者,是指积极向企业询问或者已经在企业登记在册的人群。将有意向者转变成真正的客户的过程会因企业的不同而有所不同。

三、真正客户

真正客户,是指正在使用产品或服务的人群。客户第一次购买企业的产品或服务,首次成为真正的客户时,他们是企业的新客户。许多案例表明,这类客户的早期消费行为对预测将来这类客户的消费行为极有帮助。

四、历史客户

历史客户,是指那些不管是自愿还是非自愿,不再使用企业的产品或服务的人群。

从总体上来观察客户生命周期可以发现,开始的时候,没有成为客户的人对企业的产品或服务很感兴趣(因为他们是企业锁定的目标市场客户),经过一段时间以后,他们成为真正客户。这些客户最初的消费行为非常重要。随着时间的推移,客户可能会变得越来越有价值,也有可能发挥出更大的潜在价值,甚至可能越来越没有价值。最终,他们不再是企业的客户。

我们以特定的行业为例来介绍其中客户生命周期的情况。

例如,在美国,出售伤残保险的公司的目标通常定位于 65 岁以下(也就是处在退休年龄以前)的个人。通常情况下,保险公司更愿意发展身体比较健康、有低风险的人成为投保人。这些人在填写保险公司的表格以后就成为有意向者。有意向者必须经核保审定后,才能成为保险公司的真正客户。这样一个过程对于个人来说常常带有侵犯性,因为他必须进行相应的体检,这样许多的有意向者可能由于体检不合格而永远不能成为保险公司的真正客户。

信用卡公司的目标市场常常定位于需要信用借款而且有偿还能力的人。申请人只要填写信用申请表就可以成为有意向者。当申请表通过审批后,申请人就会成为信用卡公司的真正客户,随后可以启用自己的信用卡。

目录直销行业通常会锁定有特殊嗜好的人。该行业里的有意向者是指索取目录和第一次购物的人。真正客户则是在最近(比如 18 个月内)曾经购物的客户。在这一行业中,也曾经面临自愿流失者、悄悄溜走者以及非自愿流失者的情况。

第三节 客户生命周期中每个阶段的重要事件

在整个客户生命周期中,不同的阶段都有重要的事件。图 4-3 展示了一般客户生命周期中的各种事件。客户生命周期中的每个阶段都为数据挖掘和客户关系管理提供了机会。

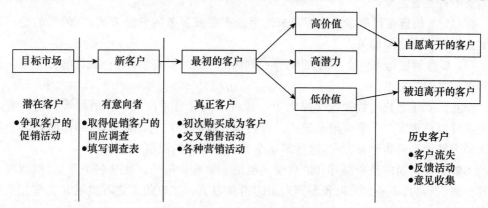

图 4-3 客户生命周期的各种事件

一、潜在客户的行为特征

争取客户的活动是面向目标客户市场的,其目的是找到可能对企业的产品或服务有兴趣的人。这项活动有许多明显的特征,其中之一是缺乏进行活动的资料。因为目标市场上的潜在客户并不是真正客户,因此无法取得关于他们的资料。

数据挖掘可以帮助企业将以前对类似的活动有兴趣的人员的特点整理出来,这样企业就可以将在以前活动中涌现出的有意向者作为本次营销活动的重点对象。另外一个更好的办法是寻找和当前高收益的客户类似的有意向者,这样就可以让那些真正对企业的某种产品或服务有兴趣的客户有机会接触到该种产品或服务。

企业通常利用广告或其他的声像媒体来进行这项活动。不管是通过哪一种渠道,企业都可以用数据挖掘整理出资料的特点,找出最有兴趣的客户群,并依此建立购物客户群的名单、广告空间等。

二、有意向者的行为特征

未来的潜在客户可以通过几种不同的方式变成有意向者,如在网页上留言、拨打免费电话、填写申请表、寄回保修单等。

上面这些做法都可以将一个无名的潜在客户变成一个记录在册的潜在客户,企业可以依照资料与这些人保持联系。这些有意向者没有向企业支付一分钱,但他们是最有可能成为客户的人——企业的真正客户。在一些例子中我们可以发现,对于第一次浏览企业的网站就在该网站消费的人,企业是很难分辨出谁是有意向者、谁是真正客户的。

数据挖掘通常可以用来帮助企业决定哪些潜在的客户可能成为有意向者,而预测模型也常常用来预测哪些有意向者最终能够成为真正客户。

三、真正客户的行为特征

有意向者一旦和企业建立了经济关系,就成为企业的真正客户。这表示企业和客户之间已经开始了买卖行为,如信用申请已经获批,核准通过,以及其他类似的行为。

许多重要的事件都发生在真正客户的生命周期中,这些重要的事件有以下三种。

(1) 客户的消费嗜好刻画了客户的消费行为。如果客户的消费嗜好构成了企业的主要收入来源,如何刺激客户的消费嗜好就成为一个非常重要的问题。不同的客户群体,其消费嗜好是有差异的。

(2) 交叉销售是促使客户购买尚未使用的产品或服务的营销方式,它的目的是可以拓宽企业和客户之间的关系。

(3) 增量销售是促使客户将现有产品或服务升级的销售活动,它的目的在于增强企业和客户之间的关系。

企业的真正客户给数据挖掘提供了一片可以大显身手的沃土。通过客户的消费习惯企业可以透视客户的重要消费模式。预测什么时间会发生什么事件,判断哪些客户对交叉销售和增量销售很有意向,这些都是企业值得研究的课题。

了解客户早期的消费嗜好和消费模式也是非常有价值的。在某些企业里,根据客户早期的消费行为,企业就可以预测其未来的消费习惯。客户的消费习惯通常在前几次的消费中就可以清楚地表现出来。

四、历史客户的行为特征

无论如何,总会有一些客户不再成为企业的客户。他们离开的原因大致可以分为两类,一类是自愿离开的,也就是说客户自己不想再继续成为某个企业的客户。自愿流失的客户离去的原因是多方面的:

(1) 客户搬离涉及企业服务的区域;
(2) 客户的生活方式发生改变(如退休),而不再需要企业提供的产品或服务;
(3) 从企业的竞争对手那里获得更好的产品或服务;
(4) 客户不再看好正在使用的产品的价值。

如在信用卡行业有研究显示,在流失的客户中,有持卡年限最长(甚至超过10年)却很少使用信用卡消费的客户。这群人有较高的平均年龄,经过仔细调查,证实这些客户早已离去。这说明这群人不应成为避免流失研究中应考虑的重点。

这其中有一个很重要的问题是企业的客户到底是在什么时候离开的?这取决于客户生命周期的价值,因为一个人是企业客户的时间越长,他的价值就越大。

另一类客户流失的原因是非自愿流失,即客户不再是企业的好客户,原因是这些客户已经停止向企业付费。

将自愿流失和非自愿流失的客户区别开来是非常重要的。因为如果企业在制定留住客户的促销策略时将焦点集中在不会再向企业付费的客户身上,将会造成巨大的浪费。

确定哪些客户有非自愿流失的倾向,也是一个值得企业关注的问题。而这个问题的答案却有可能是意想不到的。如在一个专项研究中发现,从未赊账的客户比常常赊账的客户似乎更容易流失。深入的研究表明,那些从未赊账的客户如果赊账,通常都是因为他们失业了,因而无法付账。反过来说,常常赊账的客户都是因为没有把准时付账当成一回事,并非真的没有钱付账。

第四节 客户生命周期每个阶段的CRM策略

客户生命周期模型描述了理想状态下客户关系发展的一般规律。客户关系的密切程度在生命周期的各个阶段是不同的。因此,企业要针对客户生命周期各个阶段的特点正确地把握客户关系管理措施的重点。

一、客户关系建立阶段的CRM

在客户生命周期的关系建立阶段,说服和刺激潜在客户与企业建立客户关系是CRM的中心任务。

(一) 说服客户

潜在客户对某种产品或服务一旦产生需要,就会设法收集有关该产品或服务的相关信息。但是,由于信息的泛滥和信息的不对称,潜在客户往往难以找到适合自己的信息。因此,企业应设法通过各种有效途径向潜在客户传递信息,使潜在客户信服使用本企业的产品或服务是满足其需要的最佳选择。在这一阶段,企业必须向潜在客户证明自己满足客户特定需要的能力,因此企业可以借助于两种基本方法来说服潜在客户与其建立业务关系,即承诺和推荐。

承诺主要是向潜在客户承诺本企业产品的性能或服务的质量,从而使对方有充分的理由相信本企业满足其需要的能力。为此,企业可以通过产品或服务的质量保证以及有针对性的沟通策略加以传达。企业可以向潜在客户承诺自己的产品或服务完全能够满足他们的期望,否则将给予必要的补偿。承诺一方面充分体现了企业对自己的产品性能或服务质量的信心,另一方面也希望得到潜在客户对此的认同。企业也可以通过有针对性的沟通手段(如广告、中间商的促销活动、互联网主页等)来传达承诺。若企业的这类沟通措施具有较高的可信度和较强的说服力,就容易说服潜在客户相信本企业的产品或服务。

推荐,是指中立的第三者直接向潜在客户推荐某企业的产品或服务。客户正面的口碑宣传具有很强的说服力,因此企业要通过各种沟通措施刺激现有客户为其进行正面口碑宣传。

(二) 刺激客户

在客户关系建立期,除了说服客户以外,企业还要刺激客户尽快使用本企业的产品或服务。刺激措施旨在直接诉求潜在客户与本企业达成某项交易,如网上发布的某种商品限期供应的优惠价格、企业直接向潜在客户发出的内容颇具诱惑力的推销函等。刺激措施直接诉求潜在客户与企业建立长期的客户关系,并刺激其重复购买和交叉购买本企业的产品或服务。这类措施有价格折扣、产品组合销售、购物积分等。若客户重复购买某种产品或服务,则企业可以给予其一定的价格折扣。间接的长期刺激措施为潜在客户与企业建立长期的业务关系创造了条件。

二、客户关系加强阶段的 CRM

在客户生命周期的关系加强阶段,企业 CRM 的主要目标是留住客户,为此企业要做大量的客户适应工作,让客户学会使用本企业的产品或服务,预防产品或服务在使用过程中可能出现的问题。

企业要想让新客户尽快熟悉本企业的产品或服务,帮助客户解决产品或服务使用过程中出现的问题,可以通过有针对性的客户培训,加快客户适应产品或服务的进程。保持客户服务部门员工队伍的稳定,建立高效率的客户服务热线或呼叫中心,这些均有助于企业提高直接客户适应的效率。

在客户关系加强阶段,买卖双方的业务关系刚刚建立,企业与客户只是有了初步接触,客户关系也许还十分脆弱。因为客户对企业的第一印象对将来客户关系的进一步发展极为重要,因此,企业应想方设法尽快完成从客户关系建立阶段向客户关系维系阶段的过渡,从而把客户关系推向更高的层次。

三、客户关系维系阶段的 CRM

客户生命周期的关系维系阶段的主要目的是提高客户满意度,尽量延长维系阶段的长度。因此,企业应该在产品或服务的个性化和交叉销售、提高客户退出壁垒和提高客户关系管理效益上做工作。

企业应向客户提供符合客户特殊要求的个性化产品或服务,以便从长远的角度保证企业的产品或服务在客户中的吸引力。企业通过将客户纳入产品的研发、规划和生产过程,使企业的产品能更好地满足客户的要求,从而增强客户对企业的信任基础。另外,企业通过交叉销售可以进一步增强客户关系,交叉销售旨在提高本企业与客户的销售收入,其目标可以通过纯交叉销售和提高客户的购买频率来实现。纯交叉销售措施包括旨在扩大客户对本企业相关产品或服务需求的措施。提高客户的购买频率,是指扩大客户重复购买的需求,以增加销售收入。

企业可以通过提高客户退出壁垒将客户在较长时期内锁定,以确保企业在该客户的身上实现较高的利润。一般来说,企业可以从经济、技术和契约三个方面提高客户退出壁垒以维系客户关系。经济壁垒,是指客户关系的终止会给客户带来经济上的损失,如客户无法获得约定的折扣,客户的这种经济上的损失称为转移成本,主要有直接成本、沉没成本和机会成本。客户的转移成本越高,客户关系也就越稳定。通过技术壁垒可以使客户在使用产品或服务时对企业产生一定的依赖性,如客户只有在购买一定相关辅助产品的条件下,主产品的性能才能得到充分发挥。契约壁垒是一种法律手段,企业设法与客户签订购销契约,契约规定客户有义务在一定时间内购买企业的产品或服务,如在淡季一定时间内客户购买装修材料超过数额将给予折扣。

四、客户关系恢复阶段的 CRM

在客户生命周期的关系恢复阶段,企业可以分为两种情况:一种是将客户挽留,使其恢复满意;另一种是解除关系。对于让危机中的客户关系重新回到原先的满意和维系状态,企业必须做好两项工作,即纠正错误和提供补偿,从而使客户关系恢复到维系阶段。纠正企业及其员工所犯的错误是恢复客户关系的基础,除了纠正错误以外,企业还要向客户证明自己已经意识到缺陷的存在,并且说明这是一种例外情况。此外,企业还应给予客户相应的补偿以尽可能地消除或降低负面影响。无论是纠正错误还是提供补偿,企业均可以从产品、沟通、价格和分销等策略着手。

(1)在产品策略方面,企业可以对有缺陷的产品进行返修。有些缺陷产品事后可以修复,并且不影响客户对产品的使用,如汽车召回服务。为了消除负面影响,在缺陷产品修理期间,企业应向客户提供补偿,以避免给客户带来的不便。如在汽车召回期间,企业可以准备另外一辆汽车供客户免费使用。

(2)企业的纠错和补偿工作也可以通过沟通策略加以实施。如果产品出错是客户使用不当所致,则企业可以组织客户进行培训,以便客户今后能正确地使用产品,避免同类问题的再度出现。企业应主动与客户进行沟通,必要时可以登门致歉。

(3)在价格策略方面,企业可以通过价格折扣来纠正错误,提供补偿。一方面,企业通过价格折扣来调整瑕疵产品的价格性能比,使其恢复到客户原先追求的价格性能比水平;另一方面,价格折扣对客户来说是一种实实在在的金钱补偿。

(4)企业也可以借助于分销策略达到纠正错误、提供补偿的目的。例如,如果客户未能按时收到发出的货物,则发货单位应尽快查询货物的下落,消除物流环节出现的差错。

企业可以通过免费送货上门来作为补偿,并在事先充分做好解释工作。

在上述措施中,产品或服务本身最为关键,其次是价格策略,沟通策略和分销策略作为补充。如果客户对企业提供的产品或服务的质量不满意,那么仅凭企业的道歉恐怕是无济于事的。

在解除关系时,企业确认和分析客户流失的原因是十分重要的。客户流失的原因大致可以分为三个方面:一是企业的原因,企业提供的产品或服务无法令客户满意或认可,如汽车有安全隐患;二是竞争原因,竞争对手开出更优惠的条件吸引了本企业的客户;三是客户的原因,客户自身的原因导致企业无法为其继续服务,如客户离开企业的服务区域或客户需求生命周期发生变化等。

第五章

客户满意和客户价值

第一节 客户流失及其分析

客户流失已经成为很多企业所面临的尴尬情况,因为客户不断地发生流失,企业因而不仅难以对变化过快的客户群进行深入分析,而且也几乎没有时间针对特定客户开展关系互动。同时,客户流失还会沉重地打击企业推行的"以客户为中心"的战略,因为企业苦心经营和维持的客户关系一夜之间可能会分崩离析、不复存在。对于一个企业来讲,客户流失就如同摩擦力对于一个机械系统的作用:摩擦力损耗机械系统的能量,客户流失则不断损耗企业的人力、财力和物力。

客户流失并不是对客户关系管理工作的否定,而是对实施它的迫切性和必要性的再次证明。因此,在客户分析中也包括对客户流失的状况进行监控、分析客户流失的原因等内容,这样企业就有可能发现其经营管理中急需改进的环节,有时甚至可以把流失的客户重新吸引回来,并树立起更为牢固的客户关系。

一、客户流失原因分析

客户的需求不能得到切实有效的满足,往往是导致企业客户流失的最关键因素,一般表现在以下五个方面。

(一) 质量不稳定

产品质量不稳定,客户的利益受损,导致客户流失。这种原因是客户最不能容忍的因素,也是导致客户流失而无法挽留的因素。因此,企业如何提高产品质量,尤其是提高客户关心的产品质量是企业生产经营的基础保证。

(二) 缺乏创新

企业缺乏创新,致使客户"移情别恋"。任何产品都有生命周期,随着市场的成熟及产品价格透明度的增加,产品带给客户的利益空间往往越来越小。若企业不能及时有效地进行创新,客户自然就会另寻他路,毕竟利益才是维系厂商关系的最有效的杠杆之一。

(三)服务意识淡薄

服务意识淡薄即企业内部服务意识淡薄。员工傲慢,客户提出的问题不能得到及时的解决,咨询无人理睬,投诉没人处理,客户服务人员效率低下等也是直接导致客户流失的重要原因。

(四)员工跳槽带走客户

很多的企业由于在客户关系管理方面不够细腻、规范,在客户与企业之间,员工的桥梁作用被发挥得淋漓尽致,而企业自身对客户的影响相对乏力,一旦员工跳槽,老客户就会随其而去。

(五)客户遭遇新的诱惑

市场竞争激烈,为了能够迅速在市场上获得有利地位,竞争对手往往会不惜代价以优厚条件来吸引那些资源丰厚的客户。在这种情况下,企业如何以优质的服务,满足客户现在的需求,尤其是满足客户未来的需求,不断地进行创新,才能保证客户抵挡住竞争对手的诱惑。

二、控制客户流失的对策

在营销手段日益成熟的今天,我们的客户仍然是一个很不稳定的群体,因为他们的市场利益驱动杠杆还是偏向于人、情、理的。如何来提高客户忠诚度是现代企业营销人一直在研讨的问题。

企业要想控制客户流失,可以采取如下对策。

(1)企业进行全面质量管理。全面质量管理是创造价值和客户满意的关键。客户追求的是较高质量的产品或服务,如果企业不能给客户提供优质的产品或服务,那么终端客户就不会对上游供应者感到满意,更不会建立较高的客户忠诚度。这样客户也就不可能会为企业创造丰富的效益并与企业建立牢固的关系。因此,企业应实施全面质量管理,在产品质量、服务质量、客户满意和企业盈利方面形成密切的关系。

(2)企业区分导致客户流失的原因,并找出可以改进的地方。客户流失分为可控流失和不可控流失。如果客户流失的原因是因为企业的服务差、产品次的话,那么企业可以通过改进服务质量和产品质量以免客户流失;如果客户流失的原因是离开了某地或者改行、破产了,那么企业也就无能为力。

(3)企业关注不同群体的客户流失率,形成不同客户群体的流失率分布图。同时,对流失的客户进行成本分析,包括流失客户的利润成本分析和潜在成本分析。

(4)计算降低流失率所需要的费用,只要这些费用低于所损失的利润,企业就应该花这些钱。

(5)增进与客户的沟通。企业可以通过互动、对话的形式来建立对客户的了解,聆听客户的意见,提高客户的满意度和忠诚度。

此外,企业还可以把员工的激励机制与客户保持率联系起来。如果员工招揽到客户就可以得到奖金,那么也可以起到控制客户流失的作用。但是,企业如果把奖金与客户保持率联系在一起的话,员工在吸引新客户时就要考虑客户的忠诚度。

第二节　客户满意度

客户满意是20世纪80年代中后期出现的一种经营理念,其基本内容是:企业的整个经营活动要以客户满意度为指针,要从客户的角度、用客户的观点而不是企业自身的利益和观点来分析客户的需求,尽可能全面尊重和维护客户的利益。

企业不仅要拓展自己经营的触角和改变自己的经营模式,还应当强化企业与客户之间的互动关系,最终目的是要提升企业的利润。因此,企业如何满足客户的要求,进而留住客户,提升客户的满意度,这已经是目前企业经营中最重要的新课题,更是衡量企业竞争力的重要指标。那么,什么是客户满意度?如何提升企业的客户满意度呢?下面我们将对这些问题加以阐述。

一、客户满意度的概念

对于单个人来说,"满意"是一个不确定的概念,因为满意的标准因人而异。同样的产品或服务可能有人感到满意,也可能有人感到不满意。也就是说从个体的角度出发,是否满意呈现出随意性,没有规律可言。但是,如果将大量个体集结为一个整体来观察,只要个体(也就是统计学所指的样本)数量足够多,就能体现出规律性来。因此,依据统计学原理对客户进行调查,就能得到正确反映客户大群体满意状况的有用信息。

客户的满意状况是由客户的期望和客户的感知(包括对质量的感知和价格的感知)两个因素决定的,如果期望越低就越容易满足,实际感知越差则越难满足。由此可见,客户是否满足与期望成反比关系,与感知成正比关系。

据此,我们可以用一个简单的函数式来描述客户满意状况的评价指标——客户满意度,即:

$$C=\frac{b}{a}$$

式中,C——客户满意度;b——客户的感知值;a——客户的期望值。

对客户的满意状况的测量实际是看客户满意度的大小。当C等于1或接近1时,表示客户的感受既可以认为"比较满意",又可以认为"一般";当C小于1时,表示客户的感受为"不满意";而当C等于0时,则表明客户的期望完全没有实现。在一般情况下客户满意度多在0~1之间,但在某些特殊情况下,客户满意度也可以大于0,这意味着客户获得了超过期望的满足感受。

客户满意,是指组织提供的某一事项对客户需求的满足程度。其中,某一事项是指在彼此需求和期望及有关各方对此沟通的基础上的特定时间的特定事件。由此可见,所谓客户满意,是指客户的感觉状况水平,这种水平是客户对企业的产品或服务所预期的绩效和客户的期望进行比较的结果。

客户满意与否,取决于客户接受产品或服务的感知同客户在接受之前的期望相比较后的体验。通常情况下,客户的这种比较会出现以下三种感受(如图5-1所示)。

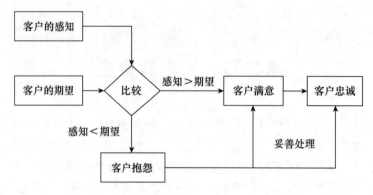

图 5-1　客户期望与客户感知比较后的感受

(1) 当感知接近期望时,一般会出现两种状态:一种是客户因实际情况与心理期望基本相符而表示"比较满意";另一种是客户会因对整个购买决策过程没有留下特别印象而表示"一般"。所以,处于这种感受状态的客户既有可能重复同样的购买经历,又有可能选择企业的竞争对手的产品或服务。

(2) 当感知高于期望时,客户就会体验到喜悦和满足,感觉是满意的,其满意程度可以从事后感知与事前期望之间的差异函数来测量。显然,感知超过期望的越多,客户的满意程度就越高,而当感知远远超过期望时,满意就演变成忠诚。值得强调的是,客户满意并不等同于客户忠诚,客户满意其实是进行某种消费后的心理状态;而客户忠诚则是一种购买行为,代表了企业的营利能力。

(3) 当感知低于期望时,客户会感到失望和不满意,甚至会产生抱怨或投诉,但如果企业对客户的抱怨采取积极的措施妥善解决,就有可能使客户的不满意转化为满意,甚至令其成为忠诚的客户。

二、客户不满意的原因

一般企业中平均每年要流失 10%～30% 的客户,但企业却常常不知道失去的是哪些客户,什么时候失去的,为什么会失去,以及这样的客户流失会给企业的销售收入和利润带来多少的损失。

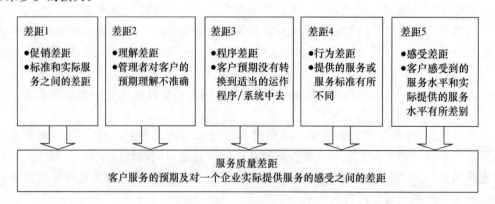

图 5-2　服务差距

众所周知,不满意是客户流失的根本原因,但是什么造成了客户的不满?近年来,人们在这一领域开展了大量的研究工作,并得出"服务差距"的理论。使一个客户不满意的总体差距是期望和实际体验之间的差距,但不满意的根本原因通常可以追溯到更早的五个差距(促销差距、理解差距、程序差距、行为差距和感受差距)之一(如图5-2所示)。

(一)差距1:促销差距

这个问题的起因常常可以追溯到企业的营销信息上。当一个企业急切地宣传自己的产品或服务的好处以期赢得客户的时候,很容易造成客户心中的过高期望,而这些期望是难以实现的。如几年前,一个美国航空公司做了一个电视广告,特写镜头是一个脱了鞋子睡着的乘客,他的鞋被一个空中小姐悄悄地拿走,擦亮后又悄悄地放回来。这则广告被乘坐飞机的常客看作一个残酷的笑话(因为他们还没有感受到这种服务水平),新乘客则产生了错误的预期以致会感到失望。这也许是一个极端的例子,但客户每天都很容易在许多小事上引起这样不切实际的希望。一个很普遍的例子就是销售人员为了争取订单随口保证一个交货日期,却没有事先确认这个日期是否可行。

(二)差距2:理解差距

下一个可能出问题的地方是企业的经理们不能准确地理解客户的需求和优先顺序。如果他们不能真正知道什么对客户重要,那么无论企业如何重视质量或服务,他们做到"在客户最关心的方面竭尽全力"的可能性也就微乎其微。许多的企业一直存在这个问题,它们试图测评客户满意度,却没有在调查中包括一个用来澄清什么是对客户最重要的事情的部分。

(三)差距3:程序差距

假设一个企业已经完全理解一个服务程序对客户最为重要,但如果没有将客户期望转化成适当的操作程序和系统,那么依然不能使客户满意。如一个酒店也许已经完全意识到如果结算的时间超过5分钟,客户就会恼怒,但如果经理不能在早上8:00—9:00之间的高峰期安排足够的人手,那么必然许多客户等待的时间就会更长,然后不满意地离去。

(四)差距4:行为差距

有时一些企业已经采用了清晰的程序来满足客户的需求和优先顺序,但因为员工训练不足或纪律性不强,不能严格遵循这些程序,所以仍不能获得持续的高水准的客户满意。

(五)差距5:感受差距

也有以上这些差距都不存在,但企业的客户调查仍显示出不满意的程度很严重。这是因为客户对企业表现水平的感受可能与现实相差甚远。一个客户在过去某个时间受到怠慢的服务,会形成企业服务不周的印象,而这种印象要经过相当长的一段时间并在多次体验到企业优质的服务后才能改变。早在1985年,全球著名的管理学大师之一汤姆·彼得斯便在《追求卓越的激情》一书中首次指出客户感受就是现实。也许客户落后于现实,也许客户的成见很难改变,也许客户为你的组织贴上服务不周的标签,即便事实上你的组织正提供着意想不到的优质服务,但这就是客户所认为的。尽管这些感受不准确,但客户正是基于这些不准确的感受做出他们的购买决定。这本书告诉你如何判断客户满意率,满意率低是因为你的组织表现不佳,还是因为客户的错误感受。如果是后者,我们将简述一些步骤以改变客户的感受。

如图 5-2 所示，五种差距中的任何一种都会导致整体的服务质量差距（Service Quality Gap），从而引起客户的不满。没有任何企业有意提供劣质的服务，企业认为自己所提供的服务和客户感到他们所接受的服务之间往往有一定的差距，服务差距往往源于此，只有定期的客户满意度测评才能找出并消除这些差距。

第三节　客户忠诚

自从人们普遍认识到留住一个老客户比争取一个新客户的成本更低且获利更多时，客户保留已经成为大多数企业的重要目标。从原则上来说这很简单，企业只要保留现有的客户就可以了。但是，企业应该如何去做呢？

"忠诚"这个词由来已久，可以追溯到封建时代，那时对统治者的忠诚是一个人成功甚至是生存的必要条件。《牛津词典》对"忠诚"这个词的定义是：(对职责、爱或者义务）真诚或者守信；对效忠坚定不移，献身于一个人所在国家的合法统治者或政府。

基于上述定义，客户为什么要对企业忠诚呢？企业具有什么样的办法呢？

客户有对企业忠诚的义务吗？他们当然没有，一个客户的受教育程度越高、越自信、能力越强，他就会更加意识到这一点。

由供应商所提供的总产品（总价值包）必须达到或者超过客户的要求才能使客户满意。在一个竞争性的市场中，一个供应商为了保留客户，它的总价值包必须比其他的竞争对手所提供的能更好地满足客户的要求。

一、忠诚的类型

忠诚有很多类型，供应商保持和客户交易的原因也有很多。如表 5-1 所示，大多数类型的"忠诚"都和忠诚的真实意义相差甚远，效忠、奉献或者职责的含义很少。垄断性忠诚是一个极端的例子，但这的确说明了实际情况。在这种情况下，客户只有极少的甚至没有选择权，他们的"忠诚"远不是自愿的，而是充满了不满。根据上百份客户满意度调查显示，选择权极小或者没有选择权的客户总是感到不满意。供应商的其他竞争对手这时将处于一个很有利的位置，从理论上来说，如果可能，这些客户也会选择其他的供应商。然而，在有些情况下，更换供应商的高昂成本、困难或者其他因素纠缠其中，使得客户迫不得已不会更换供应商。所谓更换成本高，是指客户购买某种产品或服务后，如果更换则需要付出比初次购买更高的成本。这是提高客户忠诚的一项基本策略，企业可以通过提高客户的退出壁垒来提高客户忠诚，如超市的积分卡，通过积分锁定客户。又如大型的财务软件，通过原始数据的积累，致使客户无法更换新的软件。以往的研究也显示，这些客户在更改供应商之前的满意度要远低于正常值。但是，这种勉强的、没有更换供应商的客户不能说是"忠诚的"，也毫无效忠、职责或者奉献可言。

表 5-1 忠诚的类型

忠诚类型	举例	效忠度
垄断性忠诚	市郊往返上下班者	低
更换成本高的忠诚	财务软件、大型软件	小
刺激性忠诚	商务飞行者（机票折扣）	低到中
习惯性忠诚	加油站、小卖部	低
信赖性忠诚	足球俱乐部	高

刺激性忠诚是近年来被企业过度宣传的一种营销战略。这可能对那些不是用自己钱的客户有一定的效果，如经常进行商务飞行的人就是一个明显的例子，但是美国西南航空公司和英国 Easyjet 航空公司的成功已经打破了这一神话。大多数英国人都持有不止一个的互相竞争的超市、商店集团、航空公司或者加油站的客户忠诚卡。他们把忠诚卡仅当作为了满足需求时利用供应商的一种手段。最有说服力的就是阿斯达，它是英国超市中近几年市场份额增长比率最大的一家。阿斯达提供种类繁多的产品，并关注客户价值和服务。多年前，阿斯达试着发行了忠诚卡——阿斯达俱乐部卡，但是当它的调查显示客户喜欢低廉的价格而不是忠诚卡的时候，阿斯达收回了那些忠诚卡；而阿斯达的市场份额却并未受影响，反而达到了历史最高，它也是英国四大连锁超市中唯一没有客户忠诚卡的超市。

习惯性忠诚可能是重复性交易中最普遍的形式。当时间成为大多数客户的稀缺资源时，不需太多思考就能快速完成购买的例行公事也成为他们生活方式的一部分。如每周一次的食品采购由于方便和快捷的需要也集中在同一个超市中，加油站设在了每天上班的路边。如果一个新开的超市、酒吧或者加油站更加方便、规模更大、更加时尚或者价格更低，原来的供应商就会发现只有很少的忠诚客户会留下。

把一个足球俱乐部的忠诚客户和前面四种类型忠诚的"效忠、奉献和职责"相比较，这三个词都适用于足球俱乐部客户这一类的忠诚。这一类客户的忠诚往往追溯到他们的核心价值观，（他们就是被培育成认为某个球队是最棒的）而不是他们（对这个球队）的态度，但是一个企业并不是足球俱乐部，它们掌握不了感情化的非理性的忠诚。企业必须不断地争取客户保留，而保留客户的方式就是向它们碰到的每个客户提供总价值包来有效满足客户的需求。

二、忠诚的级别

不管是什么样的忠诚类型，还是什么样的客户与供应商关系，它们都会有不同的客户忠诚度。这些可以用不同的方式表示，如梯形图、金字塔（如图 5-3 所示）或者连续体。我们可以把客户忠诚按照金字塔的方式进行分类，金字塔的横向表示客户数量，纵向表示客户价值大小。

按照金字塔的方式，客户的忠诚级别可以描述如下。

（1）普通购买者（客户），包括市场上所有种类的产品或服务的购买者。这类购买者可能没有察觉到企业所提供的产品或者没有购买它的倾向。

(2) 潜在客户,即那些对企业有点兴趣但是还没有开始和企业进行交易的客户群体。

(3) 客户,即对企业没有确切喜好感觉的一次性购买者(这一部分也可以包括那些重复购买者)。

(4) 跟随者,即当企业提供的产品或服务发生变化也一如既往地使用的客户群体。

(5) 拥护者,即那些通过把企业推荐给别人来主动支持企业的客户群体。

(6) 合伙人(忠诚客户),即最强的客户-供应商关系模式,该模式因为合伙人双方都认为这种伙伴关系互利而能够持续下去。

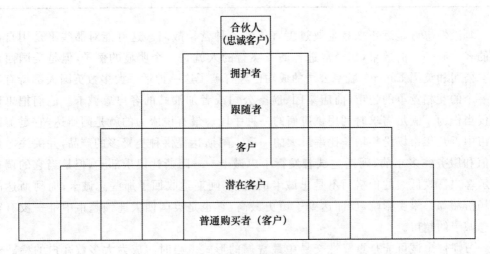

图 5-3　客户忠诚度金字塔

因此,我们可以看到忠诚不仅仅是指一次或者多次购买行为。它表示客户对供应商一种积极水平的许诺,并且正是这种积极许诺的程度让这一类客户有别于极少忠诚的客户。客户许诺的程度可以用来在客户满意度调查中对客户群进行划分,并确定最容易流失的客户群。不同忠诚级别的客户通常有不同的需求和优先要求,他们也显然会对一个企业的表现有不同的感受,因此,企业应该对不同忠诚级别的客户群采取不同的策略。

第四节　客户满意与客户忠诚的关系

一、客户满意

客户满意,即客户通过对一个产品或服务的可感知效果与其所期望的效果进行比较后,所形成的愉悦或失望的感觉状态。如果可感知效果低于期望值,客户就会感到不满意;如果可感知效果与期望值相匹配的话,客户就会感到满意;如果可感知效果超过期望值,那么客户就会感到高度满意。

二、客户忠诚

客户忠诚,即客户对某种品牌或企业的信赖、维护和希望再次购买的一种心理倾向和重复购买行为。客户忠诚分为两个层面:一是心理层面的忠诚,表现为心理上对某种品牌的关注、认可、欣赏和追随;二是行为层面的忠诚,表现为重复和持续购买。在初期,客户对企业的忠诚是以企业提供的客户价值为基础的,但随后这种忠诚就转化为客户对品牌或企业在情感上的一种共鸣,这也是客户忠诚的本质含义。

三、客户满意和客户忠诚的差异

客户满意和客户忠诚是一对相互关联的概念,这两个概念经常同时出现。但是,从客户满意和客户忠诚的定义来看,这两个概念却有着明显的差异(参见表5-2)。

表5-2 客户满意与客户忠诚的区别

客户满意与客户忠诚 比较项目	客户满意	客户忠诚
比较的对象	过去期望与现实感知效果	现实期望与预期利益
表现形式	心理感受	行为选择
可观察程度	内隐的	外显的
对竞争对手的影响程度	影响小	影响大

客户满意和客户忠诚是一对相互关联的概念,客户满意主要是一种心理状态,尽管不满意之后的牢骚和高度满意之后的愉悦都能够从外部观察到,但与客户忠诚行为所表现出的重复购买相比,其可见性就相差很多。

四、企业竞争对客户满意与客户忠诚的影响

长期以来,人们普遍认为客户满意与客户忠诚之间的关系是简单的、近似线性的关系,即客户忠诚的可能性随着其满意程度的提高而增大。在一般的客户满意度的调查中,企业用从1~5的尺度(依次表示非常不满、不满、一般、满意和非常满意)来衡量客户满意程度。许多企业的管理人员认为,只要客户对企业的产品或服务表示满意(评分为4分),企业与客户之间的关系就已经很稳固;要让客户完全满意,企业必须大量地进行投资,付出很大的努力,但收效却甚微,所以没有必要追求100%的客户满意。然而,美国施乐公司却向这种观点提出了挑战,该公司发现,表示非常满意(评分为5分)的客户在调查之后18个月内的再次购买率是表示满意(评分为4分)的客户的6倍。

美国学者琼斯和赛塞的研究结果表明,客户满意和客户忠诚之间的关系受行业竞争状况的影响。不同的竞争状况下客户满意与客户忠诚之间的关系有所不同(如图5-4所示)。虚线左上方表示低度竞争区,虚线右下方表示高度竞争区,曲线1和曲线2分别表示高度竞争的行业和低度竞争的行业中客户满意程度和客户忠诚可能性的关系。

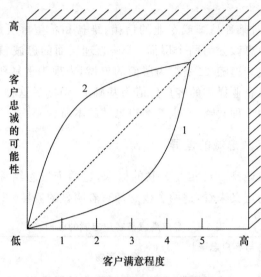

图 5-4　客户满意与客户忠诚的关系

（一）高度竞争行业

在高竞争区，企业产品相似性强，差别小，消费者改购风险小，替代品多，改购代价低。

如图 5-4 中的曲线 1 所示，在高度竞争的行业中，非常满意的客户远比满意的客户忠诚。在曲线右端（客户满意程度评分为 5），只要客户满意度稍微下降一点，客户忠诚的可能性就会急剧下降。因此，要培育客户忠诚度，企业必须尽力使客户非常满意。

（二）低度竞争行业

低度竞争行业具有垄断、缺少替代品、强大的品牌影响力特征，如曲线 2 描述的情况与人们传统的认识十分吻合，即客户满意度对客户忠诚度的影响较小。其实，这是一种假象，即限制竞争的障碍消除以后，曲线 2 很快就会变成与曲线 1 一样。因为，在低度竞争情况下，不满意的客户很难跳槽，他们不得不继续购买某个企业的产品或服务，一旦有更好的选择，他们将很快跳槽。因此，处于低度竞争情况下的企业应居安思危，努力提高客户满意度，否则一旦竞争加剧，客户大量跳槽，企业就会陷入困境。客户再次购买意向经常被用来衡量客户忠诚度。在市场竞争激烈、客户改购容易的情况下，它很难显示客户内心的真正态度。这时客户的再次购买意向主要是由外界因素决定的，一旦外界因素的影响减弱，客户不忠诚的态度就会通过客户大量跳槽表现出来，在图 5-4 中表现为曲线 2 很快由曲线 1 变化。这表明，无论竞争激烈与否，客户忠诚度与客户满意度的关系都是十分密切的，只有客户非常满意，他们才会有较高的忠诚度。

客户满意与否是对曾经有过的消费经历的判断，是期望值与实际感知的比较，大于则满意，小于不满意，相同表示没有不满意。而客户忠诚则是现实期望与预期期望的相比较。客户满意和客户忠诚都会受到竞争对手的影响，但是其程度却相差很大。如本来客户对一次消费体验感觉很满意，但是在得知他人使用其他企业的产品后获得了更多的贴心服务，该客户就会想为什么自己没有从企业获得这种高价值服务呢？由此导致客户满意度的改变。客户是否表现出忠诚行为发生在重复购买的时候。在买方市场条件下,客户为了获取更多的客户价值,在决定购买时会对不同的企业提供的产品、服务、价格等进行比较,也就是说对不同的企业进行比较是进行购买决策的必要环节。而在客户满意中,这种比较却不是必要的环节。显然,客户忠诚受到竞争对手的影响程度大得多。

当今企业进行市场竞争的性质已经发生了革命性的变化。对于许多企业来说,重要的问题不是统计意义上的市场占有率,而是拥有多少忠诚的客户,即企业竞争的目标由追求市场份额的数量(市场占有率)转向市场份额的质量(忠诚客户的数量)。客户忠诚的数量决定了企业的生存与发展,也是企业长治久安的根本保证。

客户忠诚对于企业的生存和发展的经济学意义是非常重要的。获得新客户需要付出成本,特别是在供过于求的市场态势下,这种成本将会越来越昂贵。但是,新客户对于企业的贡献却是非常微薄的,在有些行业,新客户在短期内甚至是无法为企业提供利润。

通过前面内容的分析,我们已经掌握了客户满意与客户忠诚的相关关系,并建立了客户满意度模型。因此,我们认为,客户满意与客户忠诚的关系主要有以下四个方面。

第一,由于受到随机因素的影响,客户满意与客户忠诚之间的关系是相关关系,但不是强相关关系。

第二,为客户提供优质的服务,并不意味着一定要为客户提供额外的或附加的服务,企业所需要的只是在每一个服务过程中给客户小小的"惊喜",而不是对服务流程作多么大的变动。而这小小的"惊喜",对于提高客户感知服务质量,对于提高客户忠诚度具有极其重要的意义。

第三,对于服务提高者来说,一次优质的服务并不能说明什么,重要的是在每次服务中都要令客户感到愉悦。企业必须与客户建立起长期的互动关系,这是客户高保持率的根本之所在。

第四,我们需要注意的是,企业提高客户满意度和客户忠诚度,并不是指提高所有客户的满意度、忠诚度。正确的做法是,企业在对客户进行细分的基础上,采取有针对性的策略,最大限度地使具有价值的客户满意,而不是取悦于所有的客户。

持久的客户满意度意味着企业持久、快速的发展,而保持客户忠诚,从而提高企业的绩效,则是企业追求的目标。因此,正确处理好客户满意和客户忠诚之间的关系是使企业立于不败之地的关键。

第五节 客户让渡价值

一、客户让渡价值的构成

根据营销大师菲利普·科特勒的定义,客户让渡价值是指整体客户价值与整体客户成本之间的差额部分。其中,整体客户价值是指客户购买产品或服务所获得或期望获得的利益总和,包括产品价值、服务价值、人员价值和形象价值四个方面。所谓产品价值,是指产品的质量和功能。服务价值则反映了企业从售前、售中到售后的整个过程所提供的服务水平。人员价值则是员工与客户互动的过程中所体现出来的知识水平和责任感。形象价值则是与企业品牌与公众形象有着直接的联系。整个客户让渡价值是上述四个价值要素的综合体现。整体客户成本则是客户为购买该种产品或服务消耗的货币、时间、精力和体力等成本的总和(如图5-5所示)。

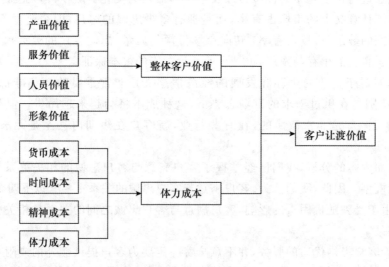

图 5-5 客户让渡价值

二、客户让渡价值与客户忠诚度

企业只有实现了客户让渡价值,才能保证客户真正的满意,也才能提高客户忠诚度。因此,客户让渡价值也成为建立、维持和增进高质量的客户关系的基础。由于客户将购买他们认为能提供最高客户让渡价值的商品或服务。因此,只有那些能够针对具体客户群提供比竞争对手更令客户满意的商品或服务、实现客户让渡价值更大增值的企业,才能长期保持住客户。正是由于每一个客户在其购买商品或服务的过程中总是力争得到最大的客户让渡价值,客户满意和客户忠诚因素变得非常重要,企业对于建立、维持和增进与客户之间的互相信任、交流便捷、利益共享的客户关系才充满了积极性。

第六节 客户终身价值

一、客户终身价值的定义及客户终身价值矩阵

客户终身价值(Customer Lifetime Value,CLV),是指企业在与某客户保持客户关系的过程中从该客户处所获得的全部利润现值。对于现有客户来说,其终身价值可以分成两个部分:一是当前利润,即到目前为止客户为企业创造的利润总现值;二是未来利润,

即客户在将来可能为企业带来的利润总现值。依据客户的当前利润和未来利润可以给出如图 5-6 所示的客户终身价值矩阵。

图 5-6 客户终身价值矩阵

其中，Ⅰ类客户，当前利润低，未来利润也低，被称为铅质客户，是最没有吸引力的一类客户。这类客户可获得当前价值和未来增值的潜力都很低，他们是企业的一个负担，一般企业不易投入较多的资源去维持这类客户。当然，如果这类客户的当前利润不高是由于企业过高的服务成本和营销成本造成的，那么，企业可以通过寻求降低成本的途径来提高客户的价值，使无利可图的客户成为有价值的客户。在企业的能力有富余时，只要边际客户收益大于边际客户成本，企业就可以采取维持策略。

Ⅱ类客户，当前利润低，而未来利润高，被称为铁质客户。这类客户有很高的未来利润，但企业当前尚没有成功地获取他们的大部分价值。这类客户属于有潜力的客户，若是企业能够继续同这类客户保持稳定的联系，在未来这些客户将有能力为企业创造可观的利润，他们将来极有可能转化为Ⅲ类客户或Ⅳ类客户。对于这类客户，企业应当投入适当的资源，促进客户关系从低阶段向高阶段发展，从而不断地获得客户的增量购买、交叉购买和新客户推荐。

Ⅲ类客户，当前利润很高，未来利润较低，也就是企业的"黄金客户"。这类客户有很高的当前价值，但增值潜力不大。从客户生命周期来看，这类客户可能是已进入成熟期的高度忠诚客户，他们为企业提供非常稳定的利润。因此，企业应投入足够的资源，千方百计地保持与这类客户的关系，决不能让他们转向竞争对手。当然，要与这类客户保持长期稳定的关系，企业必须持续不断地向他们提供超期望价值，让他们始终坚信本企业是他们最好的供应商。

Ⅳ类客户，当前利润很高，未来预期利润也很高，也就是企业的"白金客户"。这类客户既有很高的当前利润又有巨大的增值潜力，是企业最有价值的一类客户。这类客户与企业的关系一般已进入稳定期，他们不仅已将其当前业务的很大份额给予了本企业，而且其自身的业务总量还在不断扩大。这类客户是企业利润的基石，如果失去了这类客户，后果将不堪设想。因此，企业应将主要资源投入到保持和发展与这些客户的关系上，针对这类客户设计和实施一对一的客户策略，持续不断地向他们提供超期望价值，长期保持双赢关系。

这四类客户在数量上形成一个正金字塔，Ⅲ类客户、Ⅳ类客户的数量少，位于塔尖；Ⅰ类客户、Ⅱ类客户的数量多，位于塔基。而这四类客户实现的利润和企业的资源投放则正好相反，形成一个倒金字塔。因此，这三个金字塔被称为客户金字塔（如图 5-7 所示）。

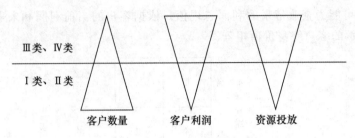

图 5-7 客户金字塔

二、客户终身价值的计算

如前所述,客户的终身价值可以分为两个部分,即当前利润和未来利润,由于时间价值的存在,所以在计算客户终身价值时,必须要对不同时期的贡献进行贴现,计算出客户终身价值的现值。

假设客户的生命周期为 T,在第 t 年为企业所做的贡献为 Q_t,而企业在客户身上的投入为 C_t,利率为 i,那么该客户的终身价值 V_k 可以表示为:

$$V_k = \sum_{t=0}^{T} [(Q_t - C_t) \times (1+i)^{-t}],$$

即将客户生命周期内每年给企业带来的利润净额进行贴现。

影响客户终生价值的主要因素是:所有来自客户初始购买的收益流;所有与客户购买有关的直接可变成本;客户购买的频率;客户购买的时间长度;客户购买其他产品的喜好及其收益流;客户推荐给朋友、同事及其他人的可能、适当的贴现率。

第六章

客户异议的处理

第一节 处理反对异议

一、异议的实质

在与客户面谈的过程中,经常可以听到客户对销售人员所提供的产品或服务提出的异议。所谓异议,是指客户与销售人员之间就某个商业问题的不同观点,也就是站在不同的立场上对同一个问题的不同角度意见。其实质是客户对于产品或服务的不满。客户表达异议的方式多种多样,客户可能直接说对产品或服务没兴趣,也可能借口要开会或需要和其他人进行商量。这些异议有可能是真的,也有可能是假的。但即使是假的异议,其后也常常往往隐藏着真的反对意见。

(一)冰山原理

人们平常见到的冰山只是冰山整体上露出海面的很小的一部分,更大的部分都隐藏在水下,人们是看不到的。客户的异议往往如同冰山,异议本身只是客户全部意思表达中很小的一部分,真正的异议是客户隐藏起来的更大的那部分,需要销售人员去进行更深入地发掘。

(二)克服异议

克服异议是解释客户的疑惑,消除客户的不满。克服异议的实质正是管理冲突。冲突往往是由异议造成的。异议的存在和积累往往造成交易的失败。如何处理异议,是区别优秀与平庸的销售人员的一个十分显著的标志。传统的优秀的销售人员善于采用说服的方式,进行劝说式的销售,在遇到客户坚定的异议时,可能选择暂时搁置的处理方法,但是,有时搁置并不能解决问题;而平庸的销售人员则往往是坚持己见,导致交易的失败,要不然就走向另一个极端——让步太多而最终导致企业的利益极大受损。

(三) 传统的克服异议的方法

在以往克服客户异议的过程中,通常当客户的要求不是太激烈时销售人员采用说服客户的办法,试图通过销售人员与客户之间的沟通达到客户同意销售人员观点的方法,如果达不到目的,销售人员可以采用拖延战术,通过时间的延迟希望客户改变自己的观点。显然,这些做法都不能有效地解决客户的根本问题,更难说达到客户满意。因此,就出现了要么向客户彻底投降、同意客户的观点,要么提交第三方进行仲裁,这样的结果都会使客户满意度大幅度下降,甚至产生抱怨。总而言之,原有的克服客户异议的方法有以下七种。

(1) 说服——最廉的方式,但客户是否愿意接受劝说?
(2) 拖延——但问题是否就此会消失?
(3) 彻底投降——所有人都会做。
(4) 单方面地行动——对长久关系有何影响?
(5) 解决问题——客户或销售人员双方都应觉察到同样的问题。
(6) 仲裁——客户或销售人员是否会接受强加的决定?
(7) 谈判——可能要求客户或销售人员以妥协为代价。

(四) 克服异议的风格

通常情况下,销售人员在克服客户异议的过程中认为克服异议有两种基本风格,即竞争型与合作型。现代的克服异议的理念包括两个方面的内容:(1) 主张找到问题,找到客户的真实异议所在;(2) 销售人员与客户之间共同协商找到解决问题的办法。这也是被称为合作型的克服异议的风格。与合作型的克服异议的风格相对的是竞争型的克服异议的风格。竞争型的销售人员坚持自己得到最大的利益。而合作型的销售人员则更加注重考虑销售人员与客户之间共同的利益,着眼于双方都能接受的、较为妥善地解决分歧,共同获得最大的利益,从而达到双赢。合作型的销售人员善于将自己的主张限定一定的范围,只要销售人员与客户之间达成的协议进入自己的范围就可以接受,并非一定要坚持使自己获得最大的利益。竞争型的销售人员则着眼于最大的利益,但其结果往往导致客户也坚持最大的利益,最终双方由于利益的严重冲突而导致谈判的彻底失败。

二、处理异议的四个步骤

(一) 步骤一:采取积极的态度

调查显示,对企业的产品提出反对意见的客户中有64%的人最终购买了该企业的产品。因此,当客户提出一些反对意见时,他们往往是真正关心这个产品,有比较强烈的购买意向,但是客户自身有一些要求不知道企业是否能给予满足,这是异议产生的原因。而那些没有提出异议的客户,也许他们没有明显的需求,也许他们对提供的产品根本就不关心。因此,企业要积极地看待客户的异议。

 案例 6-1

手机销售

在手机专卖店中,一名销售人员正在向一个顾客推销手机。

销售人员:我看这款手机满足了您所有的需求,它真的很适合您。

顾客：可是它太贵了。

销售人员：什么？太贵了？您怎么不早说呢？我们有便宜的呀！这一款就便宜的多，只不过没有上网功能。

顾客：要是没有上网功能，我为什么要换一部新的手机呢？

销售人员：那您就买那款带上网功能的吧。

顾客：可是那款又实在太贵了呀。

销售人员：一分钱一分货啊。

顾客：贵的我买不起呀。

销售人员：（非常愤怒）那您到底买不买？

【案例总结】这名销售人员未能有效地控制自己的情绪，说明他没有积极地看待客户提出的异议。实际上，客户对某款手机的价格提出异议，恰好说明客户很关注这款手机，异议之中很可能隐藏着购买的可能性，如果销售人员以不耐烦的、生硬的态度来消极地对待异议，就会失去一次很可能成功的销售机会。为了赢得销售机会，销售人员在处理异议时首先应采取积极的态度。

（二）步骤二：认同客户的感受

认同不等同于赞同。赞同是同意对方的看法，而认同是认可对方的感受，了解对方的想法，但并不是同意对方的看法。销售人员要做的不是赞同而是认同。认同的作用是淡化冲突，提出销售人员和客户双方需要共同面对的问题，以利于进一步解决异议。一个有效的认同方法是销售人员重复客户的反对意见，并将语气淡化。

案例 6-2

医生认同病人

一位大夫正在给患者看牙。

患者：我真的非常害怕拔牙，太痛了，能不能不拔呀？

大夫：我了解您的感受，拔牙时确实会有一点儿痛，但如果不拔掉这颗病牙的话，它会继续发炎，也许还会伤害到其他的好牙。别害怕，我们一定会尽最大可能尽量地减少您的痛苦。

患者：好吧，那就拔吧。

【案例总结】从案例 6-2 我们可以看出，医生既没有说拔牙不痛（反对客户的观点），也没有说拔牙痛（认同客户的观点），因为这两种处理方式都不能得到客户的认可。医生很技巧地说了"我了解您的感受"，这里认同的是客户的感受，而不是客户的观点（即拔牙是否痛的议题）。

案例 6-3

正确的认同和错误的认同

保险推销员在向某公司介绍公司年度的保险计划。

[情景1]

客户：我们研究了你们的建议书，这套员工保险计划花费太大了。

保险推销员：对，我完全同意您的看法！花费实在是太大了。但是，我们的服务的确是一流的。

客户：而且实施起来很复杂，附加条件太多了。

保险推销员：对，我完全同意您的看法！确实有点儿复杂。

[情景2]

客户：我们研究了你们的建议书，这套员工保险计划花费太大了。

保险推销员：我明白您的意思，您认为这份保险计划的花费不是一笔小数目。

客户：而且实施起来很复杂，附加条件太多了。

保险推销员：我了解您的感受，您认为实施起来较复杂而且附加条款较多。

【案例总结】如同医生和病人一样，保险推销员既没有同意也没有反对客户的观点，而是认同客户的感受，这就是克服客户异议的技巧。

（三）步骤三：使反对具体化

1. 使反对具体化的重要意义

在认同了客户的想法和感受以后，销售人员要尽最大努力使客户的反对意见具体化，即客户反对的细节是什么，有哪些因素导致了客户的反对。使客户的反对意见具体化的意义在于有助于销售人员彻底找出导致客户异议的真正原因。因为客户所表示的异议往往不一定都是真实的意思表示，所以销售人员在听取客户的异议后，不要急于对客户的异议进行解释，而是要尽量听到客户更为详细、具体的反对意见。

2. 利用提问技巧

客户往往不会向销售人员仔细地解释为什么自己会提出异议，因此，要想听到客户详细的反对意见，销售人员必须通过自己的提问来获得。销售人员的提问通常有两种方式：(1) 开放式的提问，即咨询性的，询问细节的问题；(2) 封闭式的提问，是验证性的，要求回答是与否的问题。优秀的销售人员在向客户询问反对意见的细节时，常常开始采用的是开放式的提问，鼓励客户主动地尽量细说、多说，说出自己更多的想法和意见，最后采取封闭式的提问方法来确认客户的真正意见。只有听到客户真正的意见，销售人员才能有针对性地去解释和克服客户的异议。

案例 6-4

阅读下面的资料,并回答相关问题。

销售人员:李先生,我知道你们对上次订购的地板非常满意。这次你们公司又承接了这么大的工程,我想您一定还需要订更多的货吧?

客户:我们不再需要订购地板了。

销售人员:为何不需要了?可是这批地板是优质松木经过最新技术压制,受潮不易变形,在市场上非常畅销的呀!

客户:我知道你们的产品质量不错,但是我们不需要了。

销售人员:您是说这次不打算买了?

客户:不买了。

销售人员:真的不买了吗?

客户:真的不买了。

销售人员:您肯定是千真万确、的的确确、当真不买吗?

客户:我不买不买就是不买!

销售人员:哦,我的问题全都问完了,感谢您这么直率。

1. 试分析这个场景,如果遇到同样的情况,你作为销售人员应该采用以下哪种处理方式?

A. 这个客户没有需求,不必再耽误时间了。

B. 改变提问方式,运用开放式的提问鼓励客户说出细节。

2. 假如你是这名销售员,应该如何提问才能获得客户不再订购地板的原因。请你根据客户的回答,补充正确的提问。

销售人员:李先生,我知道你们对上次订购的地板非常满意。这次你们公司又承接了这么大的工程,我想您一定还需要订更多的货吧?

客户:我们不再需要订购地板了。

销售人员:_____

客户:因为我们不再需要了。

销售人员:_____

客户:因为我们采用了新的材料。

销售人员:_____

客户:我们要用石料进行地面装饰。

销售人员:_____

客户:(表现出兴趣)哦,是吗?那我们可以好好谈谈。

销售人员:_____

客户:听起来不错。

【案例总结】在销售人员和客户交谈的过程中经常会出现这种现象,当客户拒绝销售人员的要求时,销售人员显得束手无策。面对这种情况,销售人员的解决方法应该是采用开放式问题进行提问,询问客户反对的具体原因,然后根据原因与企业的情况提出解决方案。

3. 询问细节时需要了解的内容

在询问细节时,销售人员要努力地了解以下三点内容。

(1) 客户的真实需求是什么。

客户的真实需求,是指客户表面异议之下的实质性的意见。也就是说,客户口头表达的未必就是自己最本质的要求,销售人员应该采取策略找出客户内在的需求。

(2) 客户需求的迫切程度。

客户的真实需求中可能包含有若干个方面,销售人员要了解客户真正需求的优先次序,哪些是客户最迫切需要解决的问题,哪些是可以次要解决的问题。了解了相关的优先次序,销售人员就可以确定解决的重点。

(3) 导致客户异议的问题可能是什么。

善于分析的销售人员能有的放矢地提问,这样就更容易了解客户的真实意思。销售人员应该交替使用开放式的提问和封闭式的提问,通过询问确认客户反对意见的细节,以此来了解客户真正的需求是什么,其迫切程度如何以及它们可能存在的问题。

案例 6-5

了解细节

1. 交货时间太迟了,影响了我们整个项目的进度。
   A. 我能了解一下项目的进度计划吗?
   B. 按您的订货量,这个交货时间很合理。

2. 一次性订货 100 箱,量太大了。
   A. 您认为多少箱更合适呢?
   B. 您为什么觉得量太大了?

3. 你们的售后服务不大好。
   A. 您放心,我们会改进的。
   B. 有哪些地方您觉得不满意?

4. 有一些技术问题我还要和同事商量一下。
   A. 那我就等您的消息了。
   B. 我能了解一下是哪些技术问题吗?

【案例总结】在与客户沟通的过程中,销售人员必须采用对话技巧了解客户需求的细节,这些对话应该让客户感到不是在质问客户,而是让客户感到在与销售人员共同商议并想办法解决问题。

4. 拒绝模糊信息

在对客户进行询问时,销售人员往往得到的是客户提供的模糊的信息。模糊的信息掩盖了客户真实的需求,给销售人员及其所在企业评估业绩造成负面影响。销售人员应学会善于对待客户的模糊信息,通过有技巧的提问来有效地得到明确的信息。在遇到客户的模糊信息时,销售人员可以先认同客户的想法,然后再进一步询问客户明确的信息;或一针见血地询问客户的真实想法。销售人员在听到客户的模糊信息后就急切地结束面谈则是失败的做法,客户的模糊信息往往意味着交易的终结。

客户常见的模糊信息举例如下:

(1) 您的产品还可以;
(2) 我们会尽快答复你;
(3) 我要和领导商量一下;
(4) 你过几天再来吧;
(5) 我再考虑考虑。

案例 6-6

请你判断在处理模糊信息方面,下列哪一种方式是正确的,并说明理由。

[方式1]

销售人员:我们的标书怎么样?

客户:还可以。

销售人员:太好了,什么时候我们能得到答复?

客户:我们会尽快决定的。

[方式2]

销售人员:我们的标书怎么样?

客户:还可以。

销售人员:我是否可以这样理解,您已经认真考虑过我们的标书,并有可能采用它呢?

客户:还不能这么说,还有一些事情我们正在考虑。

销售人员:有哪些方面还没有最后确定呢?

客户:我们担心供应商的信誉和按时完工的能力。

销售人员:对于我们公司,在这两个方面您也有这样的担心吗?

客户:我们担心你们不能按时完工。

正确的处理方式:_____

理由:_____

【案例总结】案例6-6列举了正反两个案例,销售人员在与客户进行商务洽谈时必须时刻注意,不能带着模糊的信息离开,应该采用询问技巧,用开放式问题进行提问,以便搞清楚客户真实的反对意图,从而找出解决办法。

（四）步骤四：给予补偿

处理反对意见的前三个步骤都是基于同一个目的——找出客户反对意见的真正原因。在知道客户异议的真实原因之后，给予客户补偿是解决问题、达成交易的一种有效的途径。

1. 补偿方法

（1）用产品的其他利益对客户进行补偿。

一个产品由多方面的要素构成，这些要素就构成了多方面的利益。例如，对于汽车这件商品来说，价格和售后服务都是构成要素。如果销售人员在价格上不肯让步，那么可以在售后服务上给予购买者更多的优惠，以此来有效地抵消购买者在价格要素上的异议。

（2）将异议变成卖点。

客户提出异议的地方，销售人员往往可以巧妙地将其转化成产品的卖点，向客户显示其认为是异议的因素通过转化是可以从别的因素得到补偿的。例如，如果客户认为某件商品的价格太高，那么这时销售人员就应针对客户的这一异议向客户强调：导致价格高的原因是由于通过正规的进货渠道进货。所进的产品都是由著名厂家生产的质量最优的名牌真货，该产品以其优异的性能确保能长期地为客户提供最优质的服务而不会出现任何质量问题。这样不仅使客户彻底免除了对于质量问题的困扰，相应地节省了不少的修理费用，而且还能间接地为客户带来更大的经济效益。诸如此类的答复客户在很多情况下是乐于接受的。

案例 6-7

请选出以下场景中的合适的补偿方法。

1. 销售防盗装置

客户：这个防盗装置，一旦触动就很难关上。

销售人员：A. 正是因为这样，盗贼触动时，也很难关上。
　　　　　B. 这已经是第三代的改进产品了。

2. 销售家具

客户：这套家具设计很时尚，价格也合理，可惜不是实木的。

销售人员：A. 正如您所说的，我们的产品是以时尚见长的，所以也采用了时尚的复合材料。
　　　　　B. 依据实木家具的制造特点，很难做到这样时尚的做工。

3. 销售文具

客户：这支笔确实不错，但太贵了。

销售人员：A. 正是因为它比较贵，所以不是很多人能轻易地拥有，这样才更能显示出拥有者的身份。

B. 这才刚刚降过一次价，以前比这价更贵呢。

4. 销售办公用品

客户：这台打印机虽然打印的照片很清晰，但速度太慢了。

销售人员：A. 另一台打印机的速度倒是快一些，但打出的照片就没有这么清晰了。

B. 这台打印机的设计特长是能打印出清晰的照片，并不是追求打印速度。相信您不会仅仅因为要速度快而放弃了更为重要的打印质量吧。

【案例总结】这种补偿方式是一种比较好的方法，销售人员应当学会灵活运用。不过，不是任何的异议都能找出恰好的补偿，销售人员应当根据现场实际需求，真正给予客户经济或者其他方面的补偿，因为，要求补偿有时客户仅仅是为了获得一种心理上的满足。

2. 补偿时的考虑

在给予客户补偿时，往往意味着销售人员要做出让步。因此，在给予补偿时，销售人员要有让步的心理准备，根据自己的权限设定可以做出让步的范围。在让步时，销售人员一定要考虑两个方面：让步的价值和自己所要求的回报是什么。之所以考虑这两个方面，是因为让步并不是意味着一味地后退，而是在让步的同时也要尽量地争取自身的利益。自身所要求的回报对于客户来说也许是很容易就做到的，但对于销售人员自身来说也许是价值巨大的东西。

销售人员交叉使用开放式和封闭式的提问方式可以有效地了解客户异议的本质，提问所要达到的目标是了解客户的真实需求、迫切程度以及导致客户异议的问题。而这两种提问方式有着截然不同的效果，销售人员应特别注意区分这两种提问的应用场合和条件。处理客户异议的最终方法是对客户给予补偿，是用产品的其他利益来进行补偿，是将客户的异议变成卖点，以使客户最终愿意接受为前提。不过，在使用上述两种补偿方法时，销售人员也要考虑自己做出让步的价值，并考虑自己可以得到什么样的回报。

第二节　不同类型的异议的处理

异议，是指客户的反对意见。在日常的工作中，存在不同的异议，不同的异议应使用不同的处理方法。处理客户异议的四个步骤是一种通用方法，销售人员在遇到不同的反对意见时，可以使用一些更简单、更有效的方法进行处理。

一、需求方的反对意见

（一）出现反对意见的两种原因

销售人员在与客户进行面谈时，往往会得到客户这样的回答：我们不需要这种产品。这种意见是需求方的反对意见。客户之所以提出这种意见，可能有以下两种原因：

原因一，客户的意思表示是真实的，即客户现在真的不需要这种产品。

原因二，实际上客户需要这种产品，但是存在一些顾虑或有其他方面的考虑，从而提出反对意见。

（二）处理方法1：及时告别

如果客户的反对意见属于第一种情况，那么销售人员应及时停止向客户的推销，有礼貌地告别，并向客户道谢。销售人员切记在这种情况下万万不可死缠着客户不放。因为如果销售人员非要在这时和客户达成某项交易，可能性很小，客户肯定不会购买自己没有需求的产品。并且销售人员这种死缠着客户不放的做法不仅会白白浪费自己的时间，而且也容易引起客户的反感，使以后可能的合作也变成了不可能。优秀的销售人员面对这种情况时，会果断地向客户及时地告别。在告别之前，销售人员会向客户询问是否知道有其他的客户需要这样的产品，从而通过这个客户引出另外一个新客户。其实，对于客户的真正需求，销售人员在拜访工作的准备阶段就应该非常清楚。如果客户没有相关的需求，销售人员原本就没有必要去拜访。

（三）处理方法2：帮助客户开发需求

在很多情况下，客户是需要销售人员的产品的，但是可能有其他的顾虑或没有意识到自己需要这样的产品。有时客户对于自己的需求并不明确，需要销售人员的提醒。但是，销售人员的建议必须符合客户的实际情况。这就要求销售人员尽量熟悉客户的情况和自身产品的特点。

案例 6-8

保健品销售

李明是一家保健品公司的销售代表，负责向零售商店推销老年人所需的保健品。这次拜访的潜在客户是一家以年轻客户为主的零售店。

采购：我们这里的客户主要是年轻人，商品也较时尚，老年用品我们不需要。

李明：我观察过您的商店，购物者的确以年轻人为主。但年轻人也常常会买一些礼品给他们的长辈。我们的保健品刚好属于礼品类，很适合这类消费。我想您不希望自己的客户为了买一些给长辈的礼品去附近的百货商场吧，他们在那里也许顺便会买一些给自己的时尚商品。

结果，客户听取了李明的建议，增加了保健礼品这一品类。

【案例总结】开发客户需求是销售人员的基本功。因为有时客户并不是十分清楚产品或服务的性能，尤其是一些新的特性，而这些特性又极有可能满足客户新的需求。

二、有关货源的反对意见

货源异议,是指客户自认为不应该购买某个销售人员所推销的产品而提出的异议,如"很抱歉,这种产品我们有固定的供货渠道"。货源异议的产生,大多是由于客户对销售人员本人或对其所代表的企业或所推销的产品的不信任造成的,如怀疑销售人员的信用、怀疑推销企业的信誉与实力、怀疑推销产品的功能等。

(一)处理方法

客户往往都有自己固定的合作伙伴。销售人员在与客户进行面谈时,客户经常会以这个理由来回绝销售人员的销售。在遇到这种反对意见时,销售人员应采取的处理方法包括:树立积极的态度;调查研究,创造机会;以礼相待,锲而不舍。

1. 树立积极的态度

树立积极的态度就是销售人员不要被客户的这种意见所打击,应该从客户的反对意见中竭尽全力地去寻找积极的因素。销售人员首先应该意识到客户对自己的产品有需求。意识到这一点,销售人员的销售就成功了一半。其次,销售人员可以设想,客户即使有固定的合作伙伴,他们也不一定就有良好的合作关系,他们的合作也不一定非常默契,现有的供应商不一定能都满足客户所有的要求。这些都是促成销售成功的积极的因素。

案例 6-9

选择以下两种情景的正确处理方法。

[情景1] 向客户推荐财务软件

客户:我们公司的规模不大,账目也简单,人工作账就可以了,不需要财务软件。

销售人员1:在我们的客户中,70%的客户都与您公司的规模相似,他们使用以后,反馈很好。(   )

销售人员2:对不起,欢迎您的公司发展以后,跟我联系。(   )

[情景2] 出租复印设备

客户:我们公司的复印量并不大,不管是买还是租,我们都没兴趣。

销售人员1:我们的复印设备的租金不算贵,我保证您是能承受的。(   )

销售人员2:我知道你们公司的复印量并不大,但我也了解到由于你们公司没有复印机,很多文件的副本是打印出来的,如果将这部分算进去的话,你们公司的复印量就不算小了。(   )

【案例总结】这是在销售过程中经常出现的情况,也是销售人员感到比较难处理的问题。销售人员必须依据客户的情况,开发新的需求或者改变客户的原有认识,这是一项较为难以完成的工作。

2. 调查研究,创造机会

在树立了积极的态度之后,销售人员要进行调查研究,以创造与客户合作的机会。销售人员在进行调查研究时要了解以下三个方面的情况。

(1) 客户对现有供应商的满意程度。

在现实生活中,合作伙伴之间很难做到处处能让对方百分之百的满意。销售人员通过调查往往可以了解客户对现有的供应商的哪些地方满意,哪些地方不满意,从而找到自己的突破口。

(2) 客户是否有新的需求。

有时,客户尽管对现有的供应商不太满意,但是有其他的一些情况决定了他们之间的合作还不得不继续进行,因此客户也就不会产生新的需求。

(3) 竞争对手的服务能力如何。

通过调查研究,销售人员要了解竞争对手有没有能力针对客户的不满之处来设法提高自己的服务水平,要认识到与竞争对手比较起来自己的优势究竟在什么地方。

销售人员可以综合以上信息,找到突破口。与客户打交道时,刚开始比较困难,但是一旦销售人员找到突破口,合作就很容易开展了。在寻找突破口时,销售人员不要把目光只局限于自己的业务范围,而要专注于客户的需求范围。在很多情况下,销售人员往往与客户业务联系的建立并不是从自己的主营产品方面取得突破的。销售人员可能在没有利润的情况下不断地为客户提供一些服务,然后逐渐地靠近自己的主营业务。

 案例 6-10

有固定供应商的处理

王坚是一名办公用品公司的销售员,他希望能将产品卖给一家规模很大的客户,但这家客户早已有固定的办公用品供应商。通过调查研究,王坚得到了以下信息:

(1) 客户对供应商的满意度高;
(2) 客户相关的新需求是租用一些绿色植物来装饰办公室;
(3) 其他的办公用品供应商没有出租绿色植物的业务;
(4) 自己的公司没有出租绿色植物的业务。

【案例总结】王坚了解到客户真正需要的是绿色植物,针对客户的需求,他建议自己的公司和花卉公司签订了一份代理协议,从出租绿色植物开始,成为这家大客户的供应商。打开这个突破口后,王坚经过了几个回合的艰苦较量,最后终于替代了这家大客户原有的办公用品供应商,成为这家大客户的办公用品供应商。

通常客户在有比较稳定的供货单位时,对新接触的销售人员怀有较强的戒备心,由此而产生货源异议。面对这种情况,销售人员应不怕遭受冷遇,多与客户接触,联络感情,增进相互了解。在相互了解逐渐加深的情况下,客户也容易对销售人员敞开心扉,说出自己的顾虑和期望,此时销售人员就可以对客户进行具有针对性的解释和劝说,最终促成交易。在与客户的交往中,销售人员应当注意社交礼仪,以诚挚的态度消除客户对企业或者产品的偏见。

3. 以礼相待,锲而不舍

商业合作最注重的是获得利益。合作得以维持和加强,合作伙伴之间的感情因素也是很重要的。销售人员在努力与客户建立合作关系时,既要锲而不舍,又要以礼相待。需要注意的是,销售人员进行业务突破时,选择时机也很重要。一些重要的节日和一些特殊的时刻,如客户相关负责人的生日、结婚纪念日等都可以成为很好的时机。其实,简简单单的一个电话,一句热情、友好的问候有时就能产生一个巨大的合作机会。

4. 提供例证

在解决货源异议时,销售人员为了说明自己推销的产品是质量可靠、渠道合法的产品,可以向客户提供一些第三方的客观证据来消除客户的疑虑,如企业的代理授权证书、产品质量鉴定报告、获奖证书以及知名企业、知名人士的订货合同或者使用记录等资料。

案例 6-11

选择切入点的销售

中秋节,宏达快递公司的销售员分别登门拜访了那些老客户和新的潜在客户,并送去了一盒月饼及一张问候卡。结果,许多客户都高兴地选择了宏达快递公司。

请找出以上案例中宏达快递公司成功的具体原因:

(1) 一盒月饼和一张问候卡;

(2) 长期以礼相待,赢得了好感;

(3) 可提供的良好服务。

【案例总结】对于销售人员来说,选择一个合适的切入点和切入理由十分重要,有时候客户并不在乎销售人员的礼物有多贵重,而是双方之间关系的紧密程度。销售人员通过使用各种"借口"来加深与客户的关系是销售人员的基本素质。

(二)处理客户异议的两种小技巧

1. 3F 法

3F 是指 Feel、Felt、Found,即感觉(现在的)、感觉(过去的)、发觉。第一个感觉表示理解客户现在的感觉,第二个感觉表示过去销售人员也有同样的感觉,但是后来销售人员发觉客户需求,所以认同。销售人员认同客户的感觉并不等同于同意客户的观点,而是表示理解了客户的感受。认同是排除客户的异议,建立合作关系的基础。

2. 比大小

销售人员在与客户面谈时,对客户的异议有可能双方并不能达成一致的意见。这时,销售人员应跳出这个纠缠不清的话题,引导客户看到产品其他方面的优点,让客户看到产品最大的优点能给客户带来不少实实在在的好处,从而使客户不满意的因素也相应地变小。

 案例 6-12

转移话题

客户:这种饮料太难喝了,这么大的药味。

销售人员:哦,我了解您的感觉,我第一次喝时也觉得它的味儿怪怪的,但同时您是不是也会觉得胃里很舒服,对吗?后来我发觉有很多的客户都逐渐地越来越喜欢这个口味,而且当他们第二次、第三次饮用时,已经特别习惯这种口味了,他们都觉得它是一种独特的饮料。您不妨也可以再试一试。

客户:那我就再试试吧!

在这段对话中,销售人员用了什么技巧终于说服了客户购买饮料?并请具体说明销售人员是如何运用这些技巧。

【案例总结】销售人员要学会及时转移话题,尤其是对于客户纠缠不清的话题,通过其他与之相关但又不相同话题的讨论,比较优点和缺点,让客户感到新的话题带来的利益比原来话题带来的利益更大,从而克服客户异议。

总之,销售人员在与客户面谈时,经常会遇到两个方面的异议:(1) 需求方面的反对意见。客户提出这种异议时,可能存在两种情况。如果客户确实真的没有需求,那么销售人员就应及时地告别;如果客户有其他的顾虑或对需求不明确,那么,销售人员要以正确的建议帮助客户寻找其他的销售机会。(2) 关于货源的反对意见。在这种情况下,销售人员首先要树立积极的态度,努力从客户的异议中寻找积极的因素;其次要进行调查研究,创造与客户合作的机会,在与客户建立关系时,要做到锲而不舍,以礼相待。3F法和比大小是两种处理客户异议的小技巧,能有效地帮助销售人员建立与客户的合作关系。

第七章

客户满意度调查

第一节　调查问卷设计的程序

调查问卷设计的程序一般包括十个步骤,分别是确定所需信息、确定调查问卷的类型、确定问题的内容、确定问题的类型、确定问题的措辞、确定问题的顺序、调查问卷的排版和布局、调查问卷的测试、调查问卷的定稿、调查问卷的评价。

一、确定所需信息

确定所需信息是调查问卷设计的前提工作。问卷设计人员必须在调查问卷设计之前就掌握所有达到调查目的和验证研究假设所需要的信息,并决定所有用于分析使用这些信息的方法,如频率分布、统计检验等,并按这些分析方法所要求的形式来收集资料、把握信息。

二、确定调查问卷的类型

制约调查问卷选择的因素很多,而且研究课题不同,调查项目不同,主导制约因素也不一样。在确定调查问卷的类型时,问卷设计人员首先必须综合考虑这些制约因素,如调研费用、时效性要求、被调查对象、调查内容等。

三、确定问题的内容

在确定了所要收集的信息资料之后,问卷设计人员应该根据所列调研项目清单进行具体的问题设计。问卷设计人员应根据信息资料的性质,确定提问方式、问题类型和答案选项如何分类等。对于一个较复杂的信息,问卷设计人员可以设计一组问题进行调研。调查问卷初步设计完成后问卷设计人员应对每一个问题都加以核对,以确定其对调研目的是有贡献的。仅仅是趣味性的问题应该从调查问卷中删除,因为它会延长所需时间,使被调查者觉得反感,也就是说问卷设计人员要确保调查问卷中的每一个问题都是必要的。

四、确定问题的类型

问题的类型归结起来有自由问答题、两项选择题、多项选择题和顺位式问答题四种。其中,后三类均可以称为封闭式问题。

(一) 自由问答题

自由问答题又称开放型问答题,只提问题,不给具体答案,要求被调查者根据自身的实际情况自由作答。自由问答题主要限于探索性调查,在实际的调查问卷中,这种问题不多。自由问答题的主要优点是被调查者的观点不受限制,便于深入了解被调查者的建设性意见、态度、需求问题等。其主要缺点是难于编码和统计。自由问答题一般应用的场合包括:作为调查的介绍;某个问题的答案太多或根本无法预料时;由于研究需要,必须在研究报告中原文引用被调查者的原话。

(二) 两项选择题

两项选择题也称做题,是多项选择的一个特例,一般只设两个选项,如"是"与"否"、"有"与"没有"等。

两项选择题的优点是简单明了。其缺点是调查者所获信息量太小,两种极端的回答类型有时往往难以了解和分析被调查者群体中客观存在的不同态度层次。

(三) 多项选择题

多项选择题是从多个备选答案中择一个或几个。这是各种调查问卷中使用最多的一种问题类型。

多项选择题的优点是便于回答,便于编码和统计;缺点主要是问题提供答案的排列次序可能引起偏见。这种偏见主要表现在以下三个方面。

第一,对于没有强烈偏好的被调查者而言,选择第一个答案的可能性大大高于选择其他答案的可能性。其解决方法是打乱排列次序,制作多份调查问卷同时进行调查,但这样做的结果是加大了制作成本。

第二,如果备选答案均为数字,没有明显态度的被调查者往往选择中间的数字而不是偏向两端的数字。

第三,对于A、B、C字母编号而言,不知道如何回答的被调查者往往选择A,因为A往往与高质量、好等相关联。其解决办法是得用其他的字母,如L、M、N等进行编号。

(四) 顺位式问答题

顺位式问答题又称序列式问答题,是在多项选择的基础上,要求被调查者对询问的问题答案,按自己认为的重要程度和喜欢程度顺位排列。

在现实的调查问卷中,往往是几种类型的问题同时存在,单纯采用一种类型问题的调查问卷并不多见。

五、确定问题的措辞

很多的问卷设计人员可能不太重视问题的措辞,而把主要精力集中在调查问卷设计的其他方面,这样做的结果有可能降低调查问卷的质量。

下面是几条法则,可以有效地解决以上这个问题:

(1) 问题的陈述应尽量简洁;
(2) 避免提带有双重含义或多重含义的问题;
(3) 最好不用使反义疑问句以及避免使用否定句;
(4) 注意避免问题的从众效应和权威效应。

六、确定问题的顺序

调查问卷中的问题应遵循一定的排列次序,问题的排列次序会影响被调查者的兴趣、情绪,进而影响其合作积极性。所以,一份好的调查问卷应对问题的排列做出精心的设计。

一般而言,调查问卷的开头部分应安排比较容易回答的问题,这样可以给被调查者一种轻松、愉快的感觉,以便他们继续回答下去。中间部分最好安排一些核心问题,即调查者需要掌握的资料,这一部分是调查问卷的核心部分,应该妥善安排。结尾部分可以安排一些背景资料,如职业、年龄、收入等。个人背景资料虽然也属于事实性问题,也十分容易回答,但有些问题(诸如收入、年龄等)同样属于敏感性问题,因此一般安排在末尾部分。当然,在不涉及敏感性问题的情况下也可以将背景资料安排在调查问卷的开头部分。

另外,问卷设计人员还要注意问题的逻辑顺序,有逻辑顺序的问题一定要按逻辑顺序排列,即使打破上述规则也要遵循逻辑顺序。这实际上就是一个灵活机动的原则。

七、调查问卷的排版和布局

调查问卷的设计工作基本完成之后,问卷设计人员便要着手调查问卷的排版和布局。调查问卷排版和布局总的要求是整齐、美观,便于阅读、作答和统计。

八、调查问卷的测试

调查问卷的初稿设计工作完毕之后,问卷设计人员不要急于投入使用,特别是对于一些大规模的问卷调查,最好的办法是先组织调查问卷的测试,如果发现问题要及时修改。测试通常选择20~100人,样本数不宜太多,也不要太少。如果第一次测试后有很大的改动,问卷设计人员可以考虑是否有必要组织第二次测试。

九、调查问卷的定稿

当调查问卷的测试工作完成,确定没有必要再进一步进行修改后,问卷设计人员可以考虑定稿。调查问卷定稿后就可以交付打印,正式投入使用。

十、调查问卷的评价

调查问卷的评价实际上是对调查问卷的设计质量进行一次总体性评估。对调查问卷进行评价的方法很多,包括专家评价、上级评价、被调查者评价和自我评价。

专家评价一般侧重于技术性方面,比如说对调查问卷设计的整体结构、问题的表述、问卷的版式风格等方面进行评价。

上级评价则侧重于政治性方面,比如说对政治方向方面、舆论导向方面、可能对群众造成的影响等方面进行评价。

被调查者评价可以采取两种方式:一种是在调查工作完成以后再组织一些被调查者进行事后性评价;另一种方式是调查工作与评价工作同步进行,即在调查问卷的结束语部分安排几个反馈性题目,如"您觉得这份调查表设计得如何"。

自我评价则是问卷设计人员对自我成果的一种肯定或反思。

第二节 调查问卷问题与答案的设计

一、在决定问题时应考虑的一些原则

(一)目的性原则

目的性原则,要求调查问卷的设计要紧扣调查目的,重点突出,避免可有可无的问题,并把重要的主题分解为更详细的内容。

(二)可接受原则

可接受原则,要求调查问卷的设计要让被调查者乐于接受、乐于回答。如要让被调查者知道调查的意义和目的;需要设计亲切温和、礼貌和趣味性的问题,此外,还要注意被调查者的理解能力和适应他们身份的一些说法和用语。

(三)顺序性原则

在调查问卷的设计中,一般可以按照以下的顺序设计问题。

1. 先易后难

先易后难,即问卷设计人员把容易回答的问题放在前面,较难回答的问题放在后面,敏感性问题(如涉及个人隐私的问题)放在最后。

2. 从封闭到开放

由于封闭性问题由问卷设计人员事先设计好全部的备选答案,较易回答,所以可以放在前面。而开放性问题一般需要被调查者经过一定的思考才能回答,所以可以放在后面。

3. 要注意问题的逻辑顺序

问题的逻辑顺序,如主次顺序、时间顺序、相关问题的先后顺序、类别顺序要合理排列,切忌漫无主题。

(四)简明性原则

根据简明性原则的要求,问卷设计人员在设计调查问卷的问题与答案时要注意:

(1)调查的问题要简明,力求用最少的项目和内容设计做到必要、完整的信息资料收集;

(2)时间要简短,一份调查问卷最长的答卷时间不能超过30分钟,以几分钟到十几分钟为宜;

(3) 形式要简明易懂、易读、易理解。

(五) 匹配性原则

问卷设计人员在设计调查问卷的时候要考虑以后的数据处理,调查问卷的答案要便于调查者进行检查、分类、数据处理和分析,否则资料收集回来却无法做出有效处理。

调查问卷的语句由若干个问题组成,问题是调查问卷的核心。在设计调查问卷时,问卷设计人员必须对问题的类别和提问方法仔细考虑,否则会使调查的结果产生较大的偏差,因此,选择适当的提问方式也是非常重要的。

(一) 问题的主要类型及询问方式

1. 直接性问题、间接性问题和假设性问题

直接性问题,是指在调查问卷上能够通过直接提问的方式得到答案的问题。如"您的年龄有多大""您最喜欢什么品牌的洗发水"等,这些问题调查者可以直接获得答案。但是,遇到一些比较窘迫的问题时,容易导致被调查者不配合,这时往往就可以采用间接性问题。

间接性问题,是指那些不宜于直接回答,而采用间接的提问得到答案的问题。其一般适用于避开个人隐私,或者避开被调查者因问题产生窘迫或者疑虑,或者被调查者不愿意直面的问题。

假设性问题,是指通过调查者对某一情景或者现象的假设提出问题。如"有人认为目前的电视广告太多,您的看法是……""如果在汽车和住宅中选择一种,您可能会选择的是……"。这种问题多用于态度测试。

2. 开放性问题和封闭性问题

所谓开放性问题,是指提出的问题并不列出所有可能的答案,而被调查者有一定自主性作答的题目。开放性问题的提问一般比较简单,作答也比较容易,虽然调查者可能收集到更多的信息,但却不易统计分析。另外,调查者在对其做定量分析时,通常是将被调查者的回答进行分类,如"对于本公司的售后服务措施,您还有哪些建议"。

所谓封闭性问题,是指问卷设计人员事先设计了各种可能的答案的问题,被调查者只能在这些事先设计的答案中进行选择。其优点是统计分析方便,缺点是回答时可能存在一定的强迫性,当被调查者者找不到自己真正满意的答案时,只能就近选择,因而影响了信息的准确性。另外,封闭性问题对设计要求比较高,必须有完全对应的可以选择的答案,这些答案必须符合调查者的最初调查初衷。

3. 事实性问题、行为性问题、动机性问题和态度性问题

事实性问题,是指题目要求被调查者回答的是事实的问题。在事实性问题中,问题的意见必须清楚,使被调查者容易理解和作答,如"您家里有几台电视机"。

行为性问题,是指对被调查者的行为进行调查的问题,如"您是否经常看电视""您是否经常听收音机"。

动机性问题,是指对被调查者的行为的原因和动机进行调查问题,如"为什么购买某物""为什么做某事"等。需要注意的是,人的动机可能是有意识的,也可能是无意识的,对于前者,人可能由于某种原因不愿真实回答,而对于后者往往又难以作答。这类问题,对设计要求很高,在很多时候往往需要通过心理测试之类的问题来观察被调查者的真实动机。

态度性问题,是指有关被调查者的态度、评价、意见方面的问题,如"您是否喜欢某个品牌的电视机"。与动机性问题一样,调查者有时候也面临被调查者不愿真实作答的情况。

以上从不同的角度对各种问题进行了分类,实际上,在一份调查问卷中可能会涉及以上的各种问题,问卷设计人员可以根据需要选择不同的提问方式。

(二) 问题答案的设计

在设计调查问卷的答案时,问卷设计人员可以根据需要和问题的类型进行设计,一般情况下可以分为以下七种类型。

1. 二项选择法

二项选择法也称真伪法或者二分法,是非法也属于二项选择法,这种问题的答案只有两种,也就是"是"或"否"。

如"您家里有空调吗?"答案只能是"有"或者"无"。

这种方法适用于互相排斥的两项择一式问题,以及用于询问简单的事实。

2. 多项选择法

多项选择法是对所问及的问题事先设计好两个或者两个以上的答案,被调查者可以选择其中的一个或者几个答案。

如"您喜欢下列哪个品牌的牙膏?(在您认为合适的方框内画钩):

两面针□　高露洁□　佳洁士□　康齿灵□　美加净□　黑人□"

从以上举例我们可以看出,这类问题设计的要求比较高,问卷设计人员必须对市场上的牙膏有所了解,至少对竞争对手的产品比较了解,否则收集的资料可能存在不全面的情况,像"云南白药""舒适达""狮王""冷酸灵"等很多知名品牌就没有被列入,导致喜欢其他品牌的被调查者难以作答,从而影响调查的准确性。

由于所设计的答案不一定能表达出被调查者的所有看法,所以在问题的最后通常可设置"其他"项目,以便被调查者表达自己的看法。但是,采用这种方法要注意:

(1) 要考虑可能出现的全部结果,答案可能出现重复和遗漏;

(2) 要注意问题的排序,很多被调查对象倾向于选择前面的答案,从而发生偏差;

(3) 一般答案控制在 8 个以内,答案太多,容易导致被调查者感到厌烦或者思路混乱。

3. 顺位法

顺位法是列出若干项目,由被调查者按重要性、喜欢程度或者购买意向、购买量等因素按照先后顺序排列。有时要求被调查者对全部问题进行排序,有时要求被调查者只对其中的部分问题进行排序(比如列出前 3 名)。

如"在选购空调时,您主要考虑的条件是(请将答案按照重要性顺序 1、2、3……填入方框中):

价格便宜□　外形美观□　维修方便□　品牌□　经久耐用□　噪声低□　制冷(热)快□　其他□"

通过以上的问题我们同样可以看出,这类问题的设计要求也很高,要求问卷设计人员对产品非常熟悉,否则设计不出好的问题和答案。

问卷设计人员在设计这类问题的时候要注意:(1) 要考虑所有可能的因素;(2) 要注

意问题的逻辑,否则会重复或者引起思维混乱;(3)选择项目同样不能过多。

4. 回忆法

回忆法,是指通过回忆了解被调查者对不同商品质量、品牌等方面印象的强弱。

如"请您列举出最近在电视广告上出现的电冰箱品牌有哪些?",调查者可以根据被调查者所回忆的品牌的先后和快慢以及各种品牌出现的频率进行有价值的分析研究。

5. 比较法

比较法是采用对比提问的方式,要求被调查者做出肯定的回答。

如"请比较下列不同品牌的啤酒,哪种更适合您的口味(在相应的方框中画钩)

青岛□　百威□　燕京□　力波□"。

有时为了进行有效对比,问卷设计人员可以采用两两对比,比如同一地方的两种品牌:

"请比较下列品牌的啤酒(在您认为比较好的品牌的方框中画钩)

上海□　力波□　广玉兰□　天目湖□"

比较法适用于对质量效用等问题做出评价。在应用这种方法时,调查者要考虑到被调查者对比较的对象是否比较熟悉,否则会落空或者答案不正确。

6. 自由问答法

自由问答,是指被调查者可以自由回答问题,并无事先拟定好的答案,如"您觉得软包装饮料有哪些优点和缺点?"。

这种方法能广泛收集信息,但调查者对资料处理不一定方便,也较难取得被调查者的配合,因为需要书写的文字多,需要思考,因此,在调查问卷中这类问题不能太多。

7. 过滤法

过滤法也称漏斗法,是指问卷设计人员最初提出离调查主题较远的广泛性问题,再根据被调查者的情况,逐步缩小提问范围,最后引导被调查者回答要调查的某个主题的问题。这种方法适用于被调查者回答时有所顾虑或者一时不便直接表达意见时采用。如对于涉及隐私的问题,可以采用这种方式。此外,对于这类问题往往还可以采用间接提问的方式,如通过员工人数估算企业的规模等。

以上这些方法在调查问卷中要灵活使用,以便使调查在愉悦的气氛中进行,一份好的调查问卷同时也是一个具有技巧性的设计。

过滤法询问的用语在调查问卷中对调查结果有绝对的影响,应特别注意问题的设计。在设计问题时,应注意以下十个方面。

(1) 避免用一般性的问题。

一般性的问题对调查并无实质的意义,所问的问题过于笼统或者含糊不清,其结果就没有多少用处,如"您对××商场的印象如何"这个问题就应该分解为"品种是否齐全""价格是否合理""服务是否周到""购物环境是否宽松"等一系列问题。

(2) 避免不确切的问题。

在调查问卷中使用"经常""普通""一些"等词语,因为不同的被调查者的理解不相同,问卷设计人员应该尽量避免出现这种情况。如"您是否经常购买洗衣液",被调查者不知道"经常"究竟是指一天、一周还是一个月,就不如问"您多长时间购买一次洗衣液"来得准确。

(3) 避免使用含糊不清的句子。

调查问卷提问的问题一定要表述清晰,避免造成被调查者理解上的歧义甚至是误解。

如"您最近是出门旅游还是休息?"有些人认为旅游就是一种休息,它们之间并不存在选择关系,就不如问"您最近是打算出门旅游,还是在家休息"。

(4) 避免引导性提问。

如果问题不是"中性"的而带有明显的观点引导或者暗示,力求被调查者作跟这些观点相近的回答,这就是引导性提问。这样收集的资料并非事实,导被调查者不能做出真实的回答。如"消费者普遍认为这种冰箱好,您认为如何""休闲已经成为一种时尚,您是否会选择这样一种生活方式""著名的食品科学家×××认为……,您的看法是……"等。

(5) 避免主观断定性问题。

所谓主观性断定,是指问卷设计人员已经为被调查者做好角色假设,然后提问。如"您一天喝多少杯咖啡",要是被调查对象不喝咖啡怎么办?这时应该设置一个"您喝咖啡吗"的中间问题,如果回答是肯定的,再接着往下提问。

(6) 要避免问题使人难堪。

如果有些问题非问不可,问卷设计人员也不能强行发问,应考虑被调查者的自尊心。如关于女士的年龄、被调查者的学历等问题可以设置一定的范围,让被调查者进行选择。有些问题没有必要问得过细,如家庭收入或者个人收入的调查,不宜对答案设置过于详细。

(7) 问题要考虑被调查者回答的难度。

由于被调查者在对问题的理解上各不相同,为了得到调查者想要得到的答案,问卷设计人员要充分考虑被调查者回答的难易程度。

如"您家庭近3年每年的生活支出是多少",这个提问没有考虑时间,多数被调查者根本回忆不出来。

(8) 拟定问句要措辞准确。

对于人口、家庭收入等进行调查时,比如家庭收入,问卷设计人员必须要使用准确的问题,否则有的被调查者仅仅理解为工资收入,还有的理解为货币收入、一切进账,所以表述要准确。例如,你的月工资是多少?家庭全年的所有收入是多少?(对必要的项目进行列写,如工资、理财、出租、捐赠等)

(9) 问句要具体。

一个问题最好只问一个要点,如果包含过多的内容往往会使被调查者无从作答。

(10) 避免问题与答案不一致。

问卷设计人员不要在调查问卷中出现逻辑问题,尤其是重复或者无法选择的答案。

如"您经常看哪个栏目的电视节目:
A. 生活　B. 商务电视　C. 电视购物　D. 经常看　E. 偶尔看　F. 根本不看"

二、调查问卷设计的注意事项

(1) 先易后难,先简后繁,被调查者熟悉的问题在前。调查问卷的前几个问题的设置必须谨慎,招呼语措辞要亲切、真诚,要比较容易回答,不要使被调查者难于接受,给接下来的访问造成困难。

（2）提出的问题要具体,避免一般性的问题。一般性的问题对实际调查工作并无指导意义。如"你认为食堂的饭菜供应怎么样"这样的问题就很不具体,很难达到想了解被调查者对食堂的饭菜供应状况的总体印象的预期调查效果。问卷设计人员应该把这一类问题细化为具体询问关于产品的价格、外观、卫生、服务质量等方面的问题。

（3）一个问题只能有一个问题点。一个问题如果有若干个问题点,不仅会使被调查者难以作答,而且统计结果也会很不方便。在调查问卷中要特别注意"和""与""、"等连接性词语及符号的使用。如"你为什么不在学校食堂吃饭而选择在校外吃饭"这个问题包含了"你为什么不在学校食堂吃饭""你为什么选择在校外吃饭"和"什么原因使你改在校外吃饭"。防止出现这类问题的最好方法就是分离语句,使得一个语句只问一个要点。

（4）要避免带有倾向性或暗示性的问题。如"你是否和大多数人一样认为××食堂的菜口味最好"这个问题就带有明显的暗示性和引导性。"大多数人认为"这种暗示结论的提问带来两种后果:一是被调查者会不假思索地同意引导问题中暗示的结论或是使被调查者产生反感。既然大多数人都这样认为,那么调查还有什么意义。二是拒绝回答或是给出相反的答案。所以,在问句中要避免使用类似的语句,如"普遍认为""权威机构或人士认为"等。此外,在引导性提问下,被调查者对于一些敏感性问题（在引导性提问下）,不敢表达其他的想法等。因此,这种提问是调查的大忌。

（5）先问一般性问题,后问敏感性问题;先问泛指问题,后问特定问题;先问封闭式问题,后问开放式问题。

（6）要考虑问题的相关性。同样性质的问题应集中在一起,有利于被调查者统一进行思考,否则容易引起思考的混乱。另外,还要注意问题之间内在的逻辑性和分析性。

（7）提问中使用的概念要明确,要避免使用有多种解释而没有明确界定的概念。另外,调查问卷中不得有蓄意考倒被调查者的问题。

（8）避免提出断定性的问题。如"你一天用在自习上面的时间有多少"这个问题的潜在意思就是"你一定上自习"。而对于不是每天都上自习的人来说,这个问题就难以回答。因此,问卷设计人员可以在这个问题之前增加一个判断性问题,即"你有每天上自习的习惯吗"如果回答"是",可以继续提问,否则就可以终止提问。

（9）一些问题不要放在调查问卷之首,如关于被调查者的私人资料、生活态度等问题。

（10）最后问背景资料问题。在调查问卷的最后,调查者需要统计和分析被调查者的一些背景资料,为后续的重点访谈或者数据分析作准备。因此,问卷设计人员需要设置一些关于被调查者的背景问题。

第三节　市场调查报告的编写

不管市场调查报告的格式或外观如何,每份市场调查报告都应该有一些特定的议题。即报告本身在结构安排和写作手法上必须能够及时、准确和简洁地把信息传递给决策者。在撰写市场调查报告时,撰写者必须考虑到企业的中高层决策者工作的繁忙性,这就要求其所撰写的市场调查报告应该尽量简洁,特别应该避免使用晦涩的文字。另外,撰写者还要恰当地安排汇报资料的结构。市场调查报告的结构一般由题目、目录、摘要、正文、结论和建议以及附录等几个部分组成。市场调查报告的结构不是固定不变的,不同的调查项目、不同的调研者或调查公司、不同的用户以及调查项目自身性质不同,市场调查报告都可能会有不同的结构和风格。

一、题目

题目包括市场调查标题、报告日期、委托方、调查方等。题目一般应打印在市场调查报告的扉页上,如"×××化妆品消费者调查报告"。标题必须准确地提示市场调查报告的主题思想,做到题文相符。另外,标题还要简单明了,高度概括,具有较强的吸引力。

市场调查报告标题的形式一般有以下三种。

(一) 直叙式标题

直叙式标题是反映调查意向或指出调查地点、调查项目的标题,如《北京市中高档商品房需求的调查》等。这种标题的特点是简明、客观。

(二) 表明观点式标题

表明观点式标题是直接阐明作者的观点、看法,或对事物做出判断、评价的标题,如《对当前的需求不旺不容忽视》《高档羊绒大衣在北京市场畅销》等标题。这种标题既表明了作者的态度,又揭示了主题,具有很强的吸引力。

(三) 提出问题式标题

提出问题式标题是以设问、反问等形式,突出问题的焦点和尖锐性,以吸引读者阅读、思考的标题,如《消费者愿意到网上购物吗?》《××市房地产二级市场为什么成交寥寥无几?》等。

标题按其形式又可以分为单行标题和双行标题。单行标题是用一句话概括市场调查报告的主题或要回答的问题,一般是由调查对象及内容加上"调查报告"或"调查"组成。如《"×××电子一条街"调查报告》《××洗衣机在国内外市场地位的调查》《关于××市家用电脑销售情况的调查》等。双标题由主标题加副标题组成,一般用主标题概括市场调查报告的主题或要回答的问题,用副标题标明调查对象及其内容,如《保护未成年人要从规范成年人入手——关于中小学生出入网吧的调查》《广州人的梦中家园——一对广州居民住宅择向的调查报告》等。

二、目录

在提交市场调查报告时,如果涉及的内容很多,页数很多,为了便于读者阅读,撰写者可以把各项内容用目录或索引的形式标记出来。这样可以使读者对市场调查报告的整体框架有一个具体的了解。目录包括各章节的标题,以及题目、大标题、小标题、附件及各部分所在的页码等。目录的具体内容如下:

(1) 章节目录:各章节标题和副标题及页码;
(2) 表格目录:所有表格的标题及页码;
(3) 图形目录:所有图形的标题及页码;

(4)附录:所有附录的标题及页码。

三、摘要

摘要是市场调查报告中的内容提要。摘要包括的内容主要有:为什么要调研;如何开展调研;有什么发现;其意义是什么;如果可能,应在管理上采取什么措施等。摘要不仅为市场调查报告的其余部分规定了切实的方向,同时也使得管理者在评审调研的结果与建议时有了一个大致的参考框架。

摘要是市场调查报告中十分重要的一个部分,写作时需要注意:一是摘要只给出最重要的内容,一般不要超过2~3页;二是每段要有个小标题或关键词,每段内容应当非常简练,不要超过三四句话;三是摘要应当能够引起读者的兴趣和好奇心去进一步阅读报告的其余部分。

一般来说,摘要由以下三个部分组成。

(一)调查目的

调查目的即为什么要开展调研,为什么企业要在这方面花费时间和资金,企业想要通过调研得到些什么。

(二)调查对象和调查内容

即被调查者是哪些人,调查了什么问题,如调查时间、调查地点、调查对象、调查范围、调查要点及要解答的问题等。

(三)调查研究的方法

即调查过程中使用了哪些方法,如问卷设计、数据处理由谁完成,调查问卷的结构,有效问卷有多少,抽样的基本情况,研究方法的选择等。

四、正文

正文是市场调查报告的主要部分。对于某些市场研究人员(如产品经理、营销经理或其他人员)来说,除了要知道市场调查报告的结论和建议以外,还需要了解更多的调研信息,如考查结果的逻辑性,在调查过程中有没有遗漏,关键的调研结果是如何得出的等。这时,这些市场研究人员会详细地研究市场调查报告的主体部分,即正文。这就要求正文部分必须正确地阐明全部有关论据,包括问题的提出到引起的结论,论证的全部过程,分析研究问题的方法等。

市场调查报告的正文包括开头部分和论述两个部分。

(一)开头部分

开头部分的撰写一般有以下四种形式。

1. 开门见山,揭示主题

即市场调查的开头部分开始就要先交代调查的目的或动机,揭示主题。如"我公司受××市电视机厂的委托,对消费者进行一项有关电视机市场需求状况的调查,预测未来消费者对电视机的需求量和需求的种类,使××市电视机厂能根据市场需求及时调整产量和种类,确定今后的发展方向"。

2. 结论先行,逐步论证

即市场调查报告的开头部分先将调查的结论写出来,然后逐步论证。许多大型的市场调查报告均采用这种形式。其特点是观点明确,使人一目了然。如"我们通过对××可乐在上海市的消费情况和购买意向的调查认为,该品牌的可乐在上海市不具有市场竞争力,原因主要从以下××个方面阐述……"

3. 交代情况,逐步分析

即市场调查报告的开头部分先交代背景情况、调查数据,然后逐步分析,得出结论。如"本次关于××品牌的汽车的消费情况的调查主要集中在北京、上海、重庆、天津,调查对象集中于中青年……"

4. 提出问题,引入正题

即市场调查报告的开头部分用这种方式提出读者所关注的问题,引导读者进入正题。如中央电视台的调查分析报告很多都是采用的这种形式。

(二) 论述部分

论述部分必须准确地阐明全部有关论据,根据预测所得的结论,建议有关部门采取相应的措施,以便解决问题。本部分主要包括基本情况部分和分析部分两个部分。

基本情况部分对调查数据、调查资料及背景做客观的介绍说明、提出问题、肯定事物的一面。

分析部分包括原因分析、利弊分析、预测分析。

五、结论和建议

结论和建议应当采用简明扼要的语言。好的结语,可以使读者明确题旨,加深认识,启发读者进行思考和联想。结论一般有以下四个方面。

(1) 概括全文。经过层层剖析后,综合说明市场调查报告的主要观点,深化报告的主题。

(2) 形成结论。在对真实资料进行深入细致的科学分析的基础上,得出报告的结论。

(3) 提出看法和建议。通过分析,形成对事物的看法,在此基础上,提出建议和可行性方案。

(4) 展望未来、说明意义。通过调查分析展望未来前景。

六、附件

附件,是指市场调查报告中正文包含不了或没有提及,但与正文有关必须附加说明的部分。它是市场调查报告正文的补充或更详尽说明,包括以下内容:

(1) 调查问卷;

(2) 技术细节说明,如对一种统计工具的详细阐释;

(3) 其他必要的附录,如调查所在地的地图等。

第四节 市场调查报告的写作技巧

市场调查报告的写作技巧主要包括表达、表格和图形表现等方面的技巧。其中,表达技巧主要包括叙述、说明、议论和语言运用四个方面的技巧。

一、叙述的技巧

市场调查报告的叙述,主要用于开头部分,叙述事情的来龙去脉以表明调查的目的和根据,以及过程和结果。此外,在主体部分还要叙述调查得来的情况。市场调查报告常用的叙述技巧有概括叙述、按时间顺序叙述和叙述主体的省略。

（一）概括叙述

叙述有概括叙述和详细叙述之分。市场调查报告主要用概括叙述,将调查过程和情况概略地进行陈述,不需要对事件的细枝末节详加铺陈。这是一种"浓缩型"的快节奏叙述,文字简约,一带而过,给人以整体、全面的认识,以适合市场调查报告快速及时反映市场变化的需要。

（二）按时间顺序叙述

按时间顺序叙述,是指在交代调查的目的、对象、经过时,往往用按时间顺序叙述的方法,次序井然,前后连贯。如市场调查报告的开头部分叙述事情的前因后果,主体部分叙述市场的历史及现状,就体现为按时间顺序叙述。

（三）叙述主体的省略

市场调查报告的叙述主体是写报告的单位,叙述中用第一人称"我们"。为了行文简便,叙述主体一般在开头部分中出现后,在后面的各部分即可省略,并不会因此而令人产生误解。

二、说明的技巧

市场调查报告常用的说明技巧有数字说明、分类说明、对比说明和举例说明等。

（一）数字说明

市场运作离不开数字,反映市场发展变化情况的市场调查报告要运用大量的数据,以增强市场调查报告的精确性和可信度。

（二）分类说明

市场调查所获的材料杂乱无章,根据主旨表达的需要,可以将材料按一定的标准分为几类,并分别加以说明。如将调查来的基本情况,按问题性质归纳成几类,或按不同层次分为几类。每类前冠以小标题,按提要句的形式表述。

（三）对比说明

市场调查报告中有关情况、数字说明往往采用对比的形式,以便全面深入地反映市场变化情况。对比要清楚事物的可比性,在同标准的前提下,作切合实际的比较。

（四）举例说明

为了说明市场发展变化情况,举出具体、典型的事例,这也是常用的方法。在市场调查中,调查者会遇到大量的事例,应从中选取有代表性的例子。

三、议论的技巧

市场调查报告常用的议论技巧有归纳论证和局部论证。

(一)归纳论证

市场调查报告是在占有大量的材料之后,作分析研究,得出结论,从而形成论证过程。这一过程主要运用议论方式,所得结论是从具体事实中归纳出来的。

(二)局部论证

市场调查报告不同于议论文,不可能形成全篇论证,只是在情况分析、对未来预测中作局部论证。如对市场情况从几个方面进行分析,每个方面形成一个论证过程,用数据、情况等作论据去证明其结论,形成局部论证。

四、语言运用的技巧

语言运用的技巧包括用词方面和句式方面的技巧。

(一)用词方面

市场调查报告中数量词用得较多,因为市场调查离不开数字,很多问题要用数字进行说明。可以说,数量词在市场调查报告中以其特有的优势,越来越显示出重要作用。市场调查报告中的介词用得也很多,主要用于交代调查目的、调查对象、调查根据等方面,如用"为""对""根据""从""在"等介词。此外,还可以多用专业词,以反映市场发展变化,如"商品流通""经营机制""市场竞争"等词语。为了使语言表达准确,撰写者还需要熟悉市场有关专业术语。

(二)句式方面

市场调查报告多用陈述句来陈述调查过程、调查到的市场情况,表示肯定或否定判断。祈使句多用在建议部分,以表示某种期望,但建议并非都要用祈使句,也可以使用陈述句。

第八章

客户投诉处理技巧

第一节 客户投诉的心理状态分析

客户投诉时心里是怎么想的,他们希望通过投诉获得什么?客户投诉时的心理状态主要有以下六种。

一、发泄心理

客户遭遇不满而进行投诉,一个最基本的需求是将自己的不满传递给企业,把自己的怨气、抱怨发泄出来。这样,客户不愉快的心情就会得到释放和缓解,从而恢复心理上的平衡。

耐心的倾听是投诉处理人员帮助客户进行发泄的最好方式,当客户进行投诉时切忌打断客户,让他的情绪宣泄中断,淤积怨气。此外,客户发泄的目的在于取得心理的平衡,恢复心理状态,投诉处理人员在帮助客户宣泄情绪的同时还要尽可能营造愉悦的氛围,引导客户恢复良好的情绪。客户服务管理大师约翰·肖曾在演讲中揭示了美国商业银行的制胜秘诀——做强大的零售商,做服务的楷模,而非仅仅是银行。但是,这又如何做到呢?该行总裁维农·西尔的策略是:招聘外向的、使别人开心的员工,然后对他们进行系统的培训。作为投诉处理人员,即便有着过硬的业务能力和极强的责任心,如果整天愁眉苦脸或紧张兮兮,给客户的感觉必然会大打折扣。需要注意的是,营造愉悦的氛围也要注意把握尺度和客户的个性特征,如果让客户感到轻佻、不受重视,那么投诉处理人员宁可做一个严肃的倾听者。

二、尊重心理

所有的客户进行投诉都希望获得企业的关注和对他所遭遇问题的重视,以达到心理上的被尊重,尤其是一些感情细腻、情感丰富的客户更是如此。

在投诉的过程中,企业能否对客户本人给予认真接待、及时表示歉意、及时采取有效的措施、及时回复等都将被客户作为是否受尊重的表现。

如果客户确有不当,企业也要用聪明的办法让客户不要感到尴尬,这也是满足客户尊重心理的需要。

三、补救心理

客户投诉的目的在于补救,因为客户觉得自己的权益受到了损害。值得注意的是,客户期望的补救不仅指财产上的补救,而且还包括精神上的补救。根据我国相关法律的规定,在绝大多数情况下,客户是无法取得精神损害赔偿的,而且在实际的投诉中,客户提出要求精神损害赔偿金的也并不多,但是,企业通过倾听、道歉等方式给予客户精神上的抚慰是必要的。

四、认同心理

客户在投诉的过程中一般都会努力地向企业证明自己的投诉是正确的和有道理的,希望获得企业的认同。投诉处理人员在了解客户投诉的问题时,对客户的感受、情绪要表示充分的理解和同情,但是要注意不要随便认同客户的处理方案。如客户很生气时,投诉处理人员可以回应说:"您别气坏了身体,坐下来慢慢说,我们商量一下怎么解决这个问题。"这个回应就是对客户情绪和对客户期望解决问题的认同,但是并没有轻易地提出处理方案,而是给出一个协商解决的信号。

客户期望认同的心理得到回应,有助于拉近彼此的距离,从而为协商处理投诉营造良好的沟通氛围。

五、表现心理

投诉处理人员应该注意到客户既是在投诉和批评,又是在建议和教导,这就是客户表现心理的作用结果。一方面,客户坚持自己的观点,或者转向与最初投诉观点不一致的问题上,他们通过这种方式只是表示自己并没有过错。另一方面是客户在投诉的过程中一般不愿意被人做负面的评价,他们时时注意维护自己的尊严和形象。

根据客户的表现心理,投诉处理人员在进行投诉处理时要注意夸奖客户,引导客户做一个通情达理的、理智的人。另外,投诉处理人员还应考虑性别差异有针对性地接待前来投诉的客户,如男性客户由女性投诉处理人员来接待,因为在异性的面前,人们更倾向于表现自己积极的一面。

六、报复心理

客户在进行投诉时一般对于投诉的所失、所得有着一个虽然粗略但却是理性的经济预期。如果不涉及经济利益,仅仅为了发泄不满情绪、恢复心理平衡,客户一般会选择抱怨、批评等对企业杀伤力并不大的方式。当客户对投诉的得失预期与企业的相差过大,或者客户在宣泄情绪的过程中受阻或受到新的"伤害",某些客户会演变成报复的心理。存有报复心理的客户一般不计个人得失,不考虑行为后果,只想让企业难受,出自己的一口恶气。

自我意识过强、情绪易波动的客户更容易产生报复的心理。对于这类客户,投诉处理人员要特别注意做好工作。客户出于报复心理状态,投诉处理人员要通过各种方式及时地让双方的沟通恢复理性。对于少数有报复心理的客户,投诉处理人员还要注意收集和保留相关的证据,在客户想要做出有损企业声誉的事情时,适当地提醒一下客户这些证据的存在,这对客户而言也是一种极好的冷静剂。

客户投诉是每个企业都可能遇到的问题,它是客户对企业管理和服务不满的表达方式,也是企业有价值的信息来源,它为企业创造了许多机会。因此,如何利用处理客户投诉的时机而赢得客户的信任,把客户的不满转化客户满意,锁定他们对企业和产品的忠诚,获得竞争优势,已成为企业营销实践的重要内容之一。

现代市场竞争的实质就是一场争夺客户资源的竞争,但由于种种原因,企业提供的产品或服务会不可避免地低于客户期望,造成客户不满意,客户投诉是不可避免的。向企业投诉的客户一方面要寻求公平的解决方案,另一方面说明他们并没有对企业感到绝望,希望再给企业一次机会。

相关研究进一步发现,50%～70%的投诉客户,如果投诉得到解决,他们还会再次与企业进行交易,如果投诉得到快速解决,这一比重上升到92%。因此,客户投诉为企业提供了恢复客户满意的最直接的补救机会,鼓励不满意客户投诉并进行妥善处理,能够阻止客户流失。

第二节　处理投诉的要求

一、态度积极

当有客户进行投诉的时候,企业和投诉处理人员要抱着积极的态度去处理。如果一个企业对投诉采取消极的态度,就会打击客户的积极性,从而失去客户对企业的信任。

如海尔集团前些年曾推出一款叫"小小神童"的洗衣机。这款洗衣机刚推向市场时,由于设计存在一些问题,使得这款洗衣机的返修率相当高。海尔集团是怎么处理的呢?公司调集了大量的员工,然后向客户承诺"接到投诉电话后24个小时之内提供上门维修服务"。很多客户的洗衣机都是经过海尔集团连续三四次甚至于五次上门维修才解决问题的。最终这件事的结果是很多的客户反映认为,任何新的产品都会存在这样或那样的问题,但对海尔集团的服务他们是满意的。因为,这些客户看到了一个企业对客户的尊重和重视。

二、尊重客户

企业要懂得尊重客户,进行换位思考,站在客户的立场上看问题。为此,企业要努力提高全体员工的素质和业务能力,树立全心全意为客户服务的思想和"客户永远是正确的"的观念。在面对愤怒的客户时,投诉处理人员要始终牢记自己代表的是企业的整体形象,因而一定要克制自己,避免感情用事,要注意倾听,让客户发泄不满,并从中发现客户的真正需求。

三、及时处理

企业在处理客户的投诉时切记不要拖延时间、推卸责任,各个部门应通力合作,迅速做出反应,向客户正式、清楚地说明事情的缘由,并力争在最短的时间内全面地解决问题,给客户一个圆满的结果。否则,拖延或推卸责任只会进一步激怒投诉的客户,使事情进一步复杂化。

四、专业、规范

作为企业,不单要提供高质量的产品,更要提供专业的服务,甚至是专业的指导。所以,企业要有专门的制度和人员来处理客户投诉问题,规定明确的处理程序和时间标准,以及标准的用语规范,从而保持服务的专业、统一、规范。

第三节　客户投诉的处理步骤

一、第一步:了解客户投诉的原因

客户为什么要投诉呢?简单地说,客户是基于不满才投诉的。客户不满的直接原因在于客户的期望值和服务的实际感知之间的差异,也就是预期的服务和实际感知的服务之间的差距。我们暂且不对差异本身进行价值判断,它可能是合理的、为社会所接受的,也可能是不应该出现的,企业要对此承担责任或消费者要调整期望值。

之所以在企业服务与客户期望二者之间出现了差异,绝大多数是企业方面的原因。

(一)产品质量存在缺陷

根据《中华人民共和国产品质量法》(以下简称《产品质量法》)的定义,产品缺陷是指产品存在危及人身、他人财产安全的不合理的危险;产品有保障人体健康和人身、财产安全的国家标准、行业标准的,是指不符合该标准的。产品质量缺陷具体可以分为假冒伪劣产品、标识不当的产品、质量瑕疵产品。产品有缺陷,不仅消费者要向企业投诉、索赔,国家有关的质量监督部门还要处罚企业,并可能承担刑事责任。

(二)服务质量问题

国内一些优秀的产品品牌都意识到服务的重要性,企业在做好产品的同时确立了"服务制胜"的战略,以周到、优质的服务作为自己的竞争优势。

服务既包括有形产品,又包括无形产品,如电信、金融、保险、出租车服务、旅游等与人民群众的生活息息相关的服务。常见的服务质量问题有以下五个方面。

(1)应对不得体。

① 态度方面。如销售人员一味地推销,不顾客户的反应;对客户以貌取人、差别对待;只顾自己聊天,不理客户;紧跟客户,像在监视客户;客户不购买时,马上板起脸。

② 言语方面。如销售人员不打招呼,也不答话,说话过于随便。

③ 销售方式方面。如销售人员不耐烦地把展示中的商品拿给客户看;强制客户购

买;对有关商品的知识一无所知,无法回答客户的咨询。

(2) 给客户付款造成不便。如算错了钱,让客户多付了钱;没有零钱找给客户;不收客户的大额钞票;金额较大时拒收小额钞票。

(3) 运输服务不到位。如运送大件商品时送错了地方,送货时导致商品污损,送货周期太长让客户等太久。

(4) 售后服务维修质量不达标,没有严格按照操作流程作业,或者夸大故障现象,增加维修成本等。

(5) 销售人员工作的失误,由于工作能力所限,造成服务质量大打折扣,极大伤害了消费者的利益。

(三) 宣传误导

企业有了好的产品,还需要运用各种方式广泛地进行宣传,以使赢得客户的关注和认可。但是,如果企业的广告宣传过了头、包装过度,或者广告承诺没有兑现,就变成了误导消费者,甚至变成欺诈,具体表现在:(1) 广告承诺不予兑现;(2) 效果无限夸大,广告内容虚假;(3) 只讲有好处、优势、优惠,不讲限制条件。

(四) 企业管理不善

美国管理协会泰瑞·R.贝肯研究了客户投诉的原因,结论是8%的客户投诉源于产品本身的质量问题或价格问题,40%的客户投诉是由于服务和沟通问题。引起客户投诉可归因于企业方面的原因,无疑首先体现在客户对企业的接触点上,或者体现在客户所购买的产品或服务上,或者体现在与购买行为的有关的信息上,不过这些都仅仅是表面化的原因,探究原因的背后,根源是企业管理不善,具体表现为:(1) 企业的机制问题,由于企业运行机制的不完善,致使企业工作人员只是对上负责,对任期考核负责,不对市场和客户负责;(2) 职能部门各行其是,业务流程混乱;(3) 人力资源危机。

(五) 投诉管理缺失

投诉管理缺失包括:企业缺乏完善的投诉管理机制、办法、流程,一线接待人员的工作能力和基本素质较差,部门之间沟通、协作不畅;已有投诉不能通过正常的反馈机制,有针对性的形成闭环管理,造成大量的重复投诉,耗费资源;对公关、传媒危机不能有效应对,造成投诉面扩大和升级。

二、第二步:正确地看待客户投诉

在处理客户投诉的过程中,投诉处理人员要让客户能够充分地表达心中的不满。有许多的企业投诉处理人员在处理客户的投诉时,往往还没有弄清楚客户抱怨的内容是什么就开始与客户争吵,或者是挑剔客户的错误,强调企业并没有错误。

对于企业来说,投诉的客户存在合作的积极面,代表一种极高的潜在价值。

(一) 投诉是一种"关系调整的机会"

向企业进行投诉的客户使企业能够了解自己同客户的关系为什么会出现问题,由此,企业就可以找到解决办法来维持双方的这种关系。

(二) 投诉使企业能够扩大对客户了解的范围

在倾听客户投诉的过传中,企业能够了解更多客户的需求,从而可以采取相应的措施去增加客户的价值。

案例 8-1

海尔从消费者的抱怨中找到商机

冷冻肉解冻难是令消费者十分头痛的问题,海尔集团的一位设计师在商场听到正在挑选冰箱的客户说:"解冻最麻烦了!"这位设计师以特有的敏感认为这句抱怨的话有文章可作。三个月后,比普通冰箱多设置了一个软冷冻室的海尔快乐王子 007 冰箱,经过反馈调查和反复调试后上市了,储存在此温度下的肉类食品可以直接切割,深受消费者的青睐。①

(三) 投诉提供了企业的产品或服务的数据采集点

在倾听客户投诉的时候,企业能够更好地了解如何去校正或改进其原来为客户提供的产品或服务的缺陷,并以这种反馈意见为基础进行进一步的改进。

美国"技术协助研究项目"的研究表明,如果一个企业的客服中心能够以一种对客户最有效的方法来解决客户的问题,由此把一个不满意的客户改变成一个满意的客户,那么,企业就能够把客户的忠诚度提高 50 个百分点。从总体上来看,如果客户不得不给企业打电话或者这个客户不得不再打一次电话给企业,客户的满意度和忠诚度就会减少 10 个百分点,而企业的成本也会增加一倍。该研究还表明,对于其问题解决的结果表示满意的客户,通常会比从来没有经历过任何问题的客户,对企业表现出更高程度的忠诚度。

案例 8-2

我被感动了

因为台风马上就要到来了,在检查家里的备用品时,我发现手电筒的电池没电了。为了做好万全准备,我亲自去超市一趟,顺便买了食品之类的杂物。但当我回到家里打开购物袋时,发现电池竟不在里面,于是我打电话给那家店,接电话的是女营业员,她很公式化地对我说:"你再次来的时候我们再补给你好了。"便挂上了电话。"但我今晚就要用啊!"我叫着,然后气愤地挂上电话。风雨越来越大了,我开始担心如果停电,或是要避难时该怎么办。这时门铃响了,是谁在这个时候来了?我一开门便十分惊讶,原来是那家超市的客户服务人员,他的头发都湿透了,在这样糟糕的天气他竟然前来把电池送给我,当时我虽然觉得他的举动愚蠢,但却十分感动。后来每当我提起这件事时,这名客户服务人员都笑着阻止我不要再说了。从那以后,即使看到其他店的打折宣传,我仍然坚持做这家店的忠实客户。②

---

① 施志君.电子客户关系管理与实训[M].北京:化学工业出版社,2009,有改动.
② 同上.

三、第三步:态度诚恳,耐心倾听客户的投诉

投诉处理人员要先听清楚客户说什么。倾听的过程对于客户来说是一个发泄不满和宣泄情绪的过程。作为客户服务人员,必须学会倾听,并且在倾听的过程中要有必要的回应,如"噢""嗯"等表明自己在用心倾听,不能随便打断客户讲话或者主观臆测客户的想法,要让客户自己完整地说清楚,态度认真,尊重客户。很多的投诉在客户发泄完之后,他的情绪也基本平复了,此时,问题已经解决了一半。甚至有一些投诉,客户仅仅是想找一个人耐心地听取自己的抱怨。

倾听能够传递出的理解和尊重也将会营造一种理性的氛围,感染客户以理性来解决问题。投诉处理人员在倾听时要注意了解客户的真正意图,了解他所认为的真正问题是什么,他这次投诉真正要达到的目的是什么。投诉处理人员千万不要主观地认为客户是遇到了什么问题,也不要从其语言表面进行判断。

四、第四步:把握客户的真正意图

投诉处理人员只有把握客户投诉的真正意图才能对症下药,并最终化解矛盾。

但是,客户在反映问题的时候常常不愿意明白地表达自己内心的真实想法。这种表现有时是因为客户碍于面子,有时是由于客户情绪过于激动而导致的。

因此,投诉处理人员在处理客户的投诉时要善于抓住客户表达中的"弦外之音、言外之意",掌握客户的真正意图。以下三种技巧可以帮助投诉处理人员处理投诉。

(一)注意客户反复重复的话

客户或许出于某种原因试图掩饰自己的真实想法,但却又常常会在谈话中不自觉地表露出来。这种表露常常表现为反复重复某些话语。值得注意的是,客户的真实想法有时并非其反复重复话语的表面含义,而是有相关乃至相反的含义。

(二)注意客户的建议和反问

投诉处理人员留意客户投诉的一些细节有助于把握客户的真实想法。客户的希望常会在他们建议和反问的语句中不自觉地表现出来。

(三)注意客户的反应

所谓客户的反应,就是当投诉处理人员与客户交谈时,对方脸上产生的表情变化或者态度、说话方式的变化。

就表情而言,如果客户的眼神凌厉、眉头紧锁、额头出汗、嘴唇颤抖、脸部肌肉僵硬,这些表现都说明客户在提出投诉时情绪已变得很激动。在语言上,他们不仅会不由自主地提高音量、语意不清、说话速度加快,而且有时还会反复重复自己的不满。这说明客户处在精神极度兴奋之中。就客户的身体语言而言,如果身体不自觉地晃动,两手紧紧抓住衣角或其他的物品,则表明客户的心中不安及精神紧张。有时候客户的两只手会做出挥舞等激烈的动作,这是客户急于发泄情绪,希望引起对方高度重视的不自觉的身体表现。

五、第五步:做好记录,归纳客户投诉的基本信息

客户投诉的基本信息包括记录投诉事实、投诉要求、投诉人的姓名和联络方式。记录投诉人的姓名和联络方式是非常有必要的。

同时,记录本身还具有双重的功效,既让客户感受到企业对他的重视,起到安抚情绪的作用,又能通过记录、询问将客户的注意力引向客观的描述和解决问题本身,起到移情的作用。

处理客户投诉,其要点是弄清客户不满的来龙去脉,并仔细地记录客户投诉的基本情况,以便找出责任人或总结经验教训。记录、归纳客户投诉的基本信息更是一项基本的工作。因为企业通常是借助这些信息来进行思考、确定处理的方法。如果这些报告不够真实和详细,可能会给企业的判断带来困难,甚至发生误导作用。

记录投诉信息可以依据企业的投诉处理卡逐项进行填写。在记录中,投诉处理人员不能忽略以下要点:(1)发生了什么事情;(2)事情是何时发生的;(3)有关的商品是什么,价格多少,设计如何;(4)当时的业务人员是谁;(5)客户真正不满的原因何在;(6)客户希望以何种方式解决;(7)客户是否通情达理;(8)这位客户是否是企业的老主顾。

六、第六步:回应客户,对投诉内容表示理解

投诉处理人员首先应向客户表明自己的身份,当然视情况也可以在倾听客户投诉前就表明。回应客户投诉的一个重要内容是向客户确认投诉事实和投诉要求,目的在于确保投诉处理人员正确地理解客户的意思。

在回应时,投诉处理人员要注意让客户感觉到自己的想法得到了你的共鸣。如客户讲"企业应该如何提供优质服务",投诉处理人员就可以引导客户谈论服务的话题,不知不觉地让客户转移了注意力。如果投诉处理人员能够成功地将客户的注意力转移到客户感兴趣的其他话题上,双方将从一种敌对关系转化为一种交换信息、交流情感的平等关系上。拉近与客户的心理距离,处理投诉要容易的多。客户的情绪比较稳定后,投诉处理人员要及时抓住机会重新回到当前的纠纷话题。

但是,需要注意的是,对于不善言辞或者没有兴趣谈论其他问题而一心就想解决投诉的客户来说不要轻易地转移话题,否则客户可能会觉得投诉处理人员在回避问题。

七、第七步:及时答复或协商处理

投诉处理人员首先应向客户适当地表示歉意。即使错不在企业,投诉处理人员也要致歉,因为道歉是平息客户不满情绪的有力武器。同时,投诉处理人员要感谢客户的投诉,因为客户是企业的朋友,他们在提醒企业解决其忽略的问题。

对于投诉的问题,投诉处理人员能够立即答复的,应马上给予答复,并征求客户的意见。如果需要进一步了解情况的,投诉处理人员应向客户说明,并与客户协商答复的时间。

八、第八步:处理结果上报

给客户圆满的答复以后,投诉处理并未完成。这是许多的企业容易忽视的地方。投诉处理人员一定要将投诉处理情况上报,也就是根据企业的情况,以适当的方式和频度,对一定周期的投诉要及时上报,上报时可以进行必需的分类、分析。企业要重视小的细节,才能及时避免重大的危机;同时,日常的投诉也是企业寻求改进的契机,甚至是企业的商机所在。

第四节 处理客户投诉的原则

美国的一家汽车修理厂有一条服务宗旨很有意思,叫作"先修理人,后修理车"。什么叫"先修理人,后修理车"呢?客户的车坏了,他的心情会非常不好,投诉处理人员应该先关注这个人的心情,然后再关注汽车的维修。可是,很多的投诉处理人员都忽略了这个道理,往往只修理车,而不顾客户的感受。所以,我们要强调,正确处理客户投诉的原则首要的就是"先处理情感,再处理事件",这是处理客户投诉的总原则。再进一步细化,处理客户投诉的原则可以归结为以下六个方面。

一、客户永远都正确

"客户永远都正确"是一条很重要的原则。只有有了"客户永远都正确"的观念,投诉处理人员才会以平和的心态处理客户的抱怨,这包括三个方面的含义:第一,应该认识到,有抱怨和不满的客户是对企业仍有期望的客户;第二,企业对于客户的抱怨行为应该给予肯定、鼓励和感谢;第三,企业应尽可能地满足客户的要求。

二、不与客户争辩

不与客户争辩其实仍是第一条原则的延伸,就算是客户的失误,投诉处理人员也不要与其争辩,心中要始终存有这种观念:客户是上帝,他们的一切都是正确的。即使是客户在与企业的沟通中,因为存在沟通障碍而产生误解,也绝不能与客户进行争辩。当客户抱怨时往往带有情绪,投诉处理人员与客户争辩只会使事情变得更加复杂,使客户更加情绪化,最终导致事情恶化,结果是赢得了争辩,却失去了客户。

三、耐心倾听客户的抱怨

投诉处理人员只有认真地倾听客户的抱怨,才能发现实质原因,进而想方设法平息抱怨。客户的抱怨必须让他讲完,投诉处理人员要做好笔记、认真听、认真记,这是解决客户抱怨的基础。

四、要站在客户的立场上将心比心

漠视客户的痛苦是处理客户投诉的大忌。在处理客户投诉时非常忌讳投诉处理人员不能站在客户的立场上去思考问题。投诉处理人员应该站在客户的立场上将心比心,诚心诚意地表示理解和同情,并承认过失。因此,对于所有的客户投诉,无论其合理性是否已经被证实,投诉处理人员都不要急着分清责任,而是先表示道歉,这是很重要的。

五、迅速采取行动

既然客户已经对企业产生了抱怨,那么企业就要快速反应,及时地处理客户所提出的意见,企业最好将问题迅速解决或至少表示有解决的诚意。

企业拖延时间只会使客户的抱怨变得越来越强烈,使客户感到自己没有受到足够的重视,使不满意程度急剧上升。如客户抱怨产品质量不好,企业通过调查研究发现主要原因是由于客户的使用不当,这时应及时通知客户维修产品,并告诉客户正确的使用方法,而不能简单地认为与企业无关,不加理睬。虽然企业没有责任,但如此做法同样也会失去客户。如果企业经过调查,发现产品确实存在问题,应该给予赔偿,并要尽快告诉客户处理的结果。

六、留档分析

对每一起客户投诉及其处理结果企业都要做出详细的记录,包括投诉内容、投诉原因、处理方式、处理过程、处理结果、客户满意程度等。企业通过分析记录,吸取教训,总结经验,可以为以后更好地处理客户投诉提供参考。

第五节 一般投诉处理

一、一般投诉的处理技巧

再规范、再优秀的企业,也不能百分之百地保证自己的商品或服务没有任何问题。对于企业而言,绝大多数的投诉都是比较好处理的,我们称之为一般投诉。但是,对于一般投诉企业也不可以随便对待,否则就会上升为重大投诉。因此,处理一般投诉也是有一定技巧的。

(一)第一步:态度诚恳

凡客户出现投诉情况,多数态度不友善,有些甚至骂骂咧咧怒气冲天,不管客户的态度多么不好,企业的投诉处理人员都应该热情周到、以礼相待、待如贵宾,如请到办公室、让到贵宾座、倒茶等,如此一则体现了企业处理投诉的态度,二则体现了"客户是上帝"的原则,三则可以舒缓客户的愤怒情绪,减少双方的对立态度。

(二)第二步:耐心倾听

面对客户的投诉,投诉处理人员首先是要以谦卑的态度认真倾听,并翔实记录《客户投诉登记表》。投诉处理人员对客户要和颜悦色,无论客户说的对与错、多或少,甚至言辞激烈难听,都不要责难、诘问,客户言谈间更不要插话,要让客户把想说的一口气说出来,客户把想说的说出来了,客户内心的火气也就消了一半,这样就便于下一步解决具体问题。在倾听时,投诉处理人员注意千万不能跟客户争吵,也不能打断客户的口述,更要尊重客户。

(三)第三步:认真道歉

听完客户的倾诉,投诉处理人员要真诚的向客户道歉,比如说:"对您使用本产品(服务)带来的不便,我代表公司向您表示歉意,大热天的让您从大老远跑来实在不好意思"等。道歉要恰当合适,不是无原则的道歉,要在保持企业尊严的基础上道歉。道歉的目的一则为了承担责任,二则为了消弭客户的"火气"。

(四)第四步:科学分析

投诉处理人员要根据客户的口述分析客户投诉属于哪个方面,比如是质量问题、服务问题、使用问题、价格问题等,更要从客户口述中分析客户投诉的要求,同时分析客户的要求是否合理,以及具体问题属于哪个部门,解决投诉前是否有必要跟归口部门沟通或者跟有关上层领导请示。

(五)第五步:积极解决

根据客户的投诉内容和投诉分析,依据本企业相关制度,参考《中华人民共和国消费者权益保护法》(以下简称《消费者权益保护法》)等相关法律规定,决定是进行经济赔偿、以旧换新、产品赔偿、更换配件、上门维修,还是培训客户指导使用等。投诉处理人员把解决方案告知客户,若客户同意,则把处理意见登记在《客户投诉登记表》上并让客户签名确认。如果客户不同意,看争议在哪里,同客户协商解决,态度要不卑不亢,以"息事宁人,保护名誉"为最高原则,尽量满足客户的要求。如果投诉处理人员确实无法解决客户投诉,则立即引荐给上层领导解决,以期圆满解决客户投诉。当然,客户的要求确实"太离谱"的话,则可以通过法律来解决客户投诉。客户投诉若当时无法立即解决,投诉处理人员需要说明原因和确切解决时间,到时主动约见客户。对于一些盲目投诉(本来不应该投诉)的客户要详细解释,或操作示范,或专家答疑,或领导接待,动之以情晓之以理,使其口服心服,同时展示企业的良好形象。

二、接待投诉客户的技巧

作为一名优秀的投诉处理人员,只有了解、掌握并灵活地运用多种应对的技巧,才能在处理客户投诉时得心应手。常用的接待投诉客户的技巧包括以下五种。

(一)平抑怒气法

通常客户会带着怒气进行投诉或抱怨,这是很正常的现象,此时,投诉处理人员首先应当态度谦逊地接受客户的投诉或抱怨,引导客户讲出原因,然后针对问题进行解释和解决。平抑怒气法适用于所有的抱怨和投诉处理,是采用最多的一种方法。这种方法有三个要点需要把握:一是倾听,投诉处理人员要认真地倾听客户的投诉或抱怨,搞清楚客户的不满所在;二是表态,表明投诉处理人员对投诉或抱怨的态度,使客户感到企业有诚意对待他们的投诉或抱怨;三是承诺,投诉处理人员能够马上解决的就当时解决,不能马上解决的要给客户一个明确的承诺,直到客户感到满意为止。

(二)委婉否认法

委婉否认法就是当客户提出自己的投诉后,投诉处理人员先要肯定对方的投诉,然后再陈述自己的观点。这种方法特别适用于主观自负且自以为是的客户。使用这种方法时,投诉处理人员可以澄清客户的错误想法,鼓励客户进一步提出自己的想法等,且常能起到出人意料的显著效果。这种方法的表达句型是"是的,但是……"这种句型暗示着极强的否定性,因此,投诉处理人员在应用时可以将其改为较委婉的"是……而……"的句型,或者尽量避免出现"但是……"因此,投诉处理人员还可以使用"除非……"的句型。

(三)转化法

转化法适用于由于误解所导致的投诉,因此投诉处理人员在处理这种投诉时应当首先让客户明白问题所在。当客户明白是因为误解导致争议时,问题也就解决了。采用转化法的投诉处理人员必须具有丰富的经验,并精通服务技巧,因为只有这样的投诉处理人员才能察言观色、当机立断,适时巧妙地将客户的误解转化。转化法运用恰当,客户会理解;若转化不当,则会弄巧成拙,使客户更生气,反而会增加解决问题的阻力。同此,投诉处理人员在运用转化法时应当心平气和,即使客户的投诉明显缺乏事实依据,自己也不能当面揭穿,而应旁敲侧击、启发和暗示。

（四）承认错误法

如果产品或服务的质量不能令客户满意,投诉处理人员就应当承认错误,并争取客户的谅解而不能推卸责任或者寻找借口,因为理在客户,任何推诿都会使矛盾激化。承认错误是第一步,接着投诉处理人员应当在明确承诺的基础上迅速地解决问题,不能拖延时间。在事发的第一时间解决问题,成本会最低,客户会认可;若时间过长,则会另生事端。

（五）转移法

转移,是指投诉处理人员对客户的投诉可以不予理睬而将话题转入其他方面。有时候客户提出的投诉本身就是无事生非或无端生事,比较荒谬,这时投诉处理人员最好不予理睬,而应当迅速地转移话题,使客户感觉到投诉处理人员是不想与继续加深矛盾而采取的一种回避态度。

三、回复客户的技巧

对于客户投诉,投诉处理人员有以下三种回复方法。

（一）立即答复

立即答复,是指对于那些信息充分、可以确定无疑地做出判断,并且有足够的权限采取行动的投诉,投诉处理人员应当立即回复客户,且越快越好。

（二）延期答复

延期答复,是指对于那些投诉的信息还需要进一步进行调查或验证才能做出的判断,或者没有足够的权限采取行动的投诉,投诉处理人员应当告诉客户延期答复的时限,并将通过何种媒介来及时通知客户进展的情况。

（三）转移答复

被人由一方转移到另一方可能是令客户感到最感沮丧的事。针对这种情况,投诉处理人员应尽量减少此种情况的发生,对于不在职权范围内处理的投诉,需要转移给规定的专业人员或专业机构进行答复。如果转移接待人后,无须客户重新解释,他们一般都会接纳一次"善意"的转移。如果转移进行,投诉处理人员要确保自己将投诉转移给了适当的人员或机构处理,并向这些人员或机构扼要叙述了全部的相关情况,转交了相关材料,然后才能让客户与这些人员或机构进行沟通。

四、为客户投诉提供方便

企业应该和客户成为朋友,最好的增加利润的"金点子"有可能就来自客户。投诉处理人员是征求客户对改进生产方法和服务品质意见的最佳人选。明智的企业总是运用来自客户的信息来提高自己的质量和服务。如有几家日本公司在产品包装上印上这样的标语来鼓励客户进行投诉"默默忍受质量低劣的产品并非一种美德"。

投诉处理人员可以请求客户提出意见,鼓励他们帮助企业来提高产品质量或服务质量。那么,企业应使用以下方法使客户方便地说出自己的真实想法:

(1) 使用投诉问卷或免费电话。

(2) 随机寻找一些客户,询问他们的想法。

(3) 以客户的身份去向客户了解情况。

(4) 倾听。在倾听时,投诉处理人员不要带着对抗的态度向客户征求建议,如"我们怎样做才好",可以询问在客户的眼中自己做得怎么样,询问企业与其他的企业的差距在哪里,客户对企业的期望是什么?

通过上述措施,企业可以很快地了解客户的意见,并迅速地采取有效的措施,为客户迅速地解决问题。

五、处理客户投诉的注意点

对于客户投诉的地点与层级,要注意解决客户投诉应尽量避免在公开场所,受理投诉坚持谁受理谁负责,实行"首诉负责制",如因权力限制可以向领导请求授权批准,严禁推诿扯皮,这一点对办事处、分公司等分支机构尤其应加以注意。当然,当地如有售后服务等专门处理客户投诉的部门,投诉处理人员需直接把客户投诉交由专职部门来处理。

对于恶意的投诉,投诉处理人员要义正词严,令其立即放弃恶意投诉。如果恶意投诉情节恶劣,或对企业造成不良影响,或对企业的销售造成损失,则企业应直接拿起法律武器,通过法律渠道来解决。

企业对待客户投诉切忌躲、拖、哄、吓,"躲"躲不住,"拖"拖不掉,"哄"哄不好,"吓"吓不跑,只有认真负责、及时处理,才能让客户满意,真正解决客户投诉问题。客户投诉从一定意义上说并不是坏事,有投诉就说明有差距或不足,以此为方向,企业可以改进产品、提高技术、加强管理、完善服务,提高自身的竞争力和效益,因此企业应以谦卑、负责、宽容、求进的态度,欢迎客户的一切善意投诉。

第六节 重大投诉处理

一、重大投诉的识别

与一般投诉相比,重大投诉比较难处理,需要投诉处理人员具有更多的耐心和技巧。对于重大投诉,投诉处理人员首先要进行识别。正确的识别主要依赖投诉处理人员的经验,但也有规律可循。是否属于重大投诉,投诉处理人员可以从投诉者的身份、投诉激烈程度和投诉要求几个方面来加以确定。

(一) VIP 投诉者的投诉

凡具有 VIP(Very Important Person,贵宾)身份的投诉者提出的投诉,均应视为重大投诉。这一点是显而易见的。但关键在于对 VIP 身份的认定,消费量大的客户属于 VIP,消费量小但影响力大的客户也属于 VIP。后一种 VIP 主要包括以下三种类型的客户。

（1）社会名流。他们很看重社会声誉，一般不会轻易投诉。如果他们进行投诉，很可能是比较严重的问题，这类客户的社会影响力可能为企业带来较大的负面影响。

（2）政府官员，因为他们特殊的身份和社会地位，即使他们作为一个普通消费者进行投诉也必须引起企业特别的注意，在处理过程中，如果处理不当可能给企业带来较大损失。

（3）传媒记者。记者的特殊身份，尤其是其对媒体的影响力，是企业不可低估的对象，对企业的负面影响更是不可低估，许多投诉经过媒体的报道可能变得更为复杂。同时，很多消费者乐意通过媒体进行投诉，有媒体曾做过调查，该媒体收到的投诉量与实际存在的投诉平均有1∶1000的关系。这个比例在不同的媒体是不同的，与媒体的读者（观众/听众）定位、发行量（收视率/收听率）有关，但从整体上来看，媒体收到的投诉有一定的代表性。

（二）激烈的投诉和要价高的投诉

有时候，有的投诉来势汹汹，其实客户的本意只是想提个建议；看似漫天要价的投诉，其实客户只是为了解决当下的问题。之所以表现出来势汹汹或者漫天要价，客户的目的其实仅仅是为了让企业重视自己所提出的问题。针对来势汹汹或漫天要价的投诉，投诉处理人员进行正确识别的窍门在于回应客户的环节，即直截了当地明确客户需要解决的问题，不涉及客户漫无边际提到的其他问题，请客户确认是否正确地了解了投诉处理人员的意思，试探客户的真意，真假重大投诉立即可见分晓。

（三）一般投诉转为重大投诉

相当一部分的重大投诉是由一般投诉转变来的。那么，投诉为什么会升级呢？在讨论如何处理各类重大投诉之前，我们先来研究这个问题，目的在于尽可能地避免一般投诉转为重大投诉；同时，了解重大投诉的升级过程，企业也可以有针对性地进行处理。一般投诉升级的原因主要如下：

（1）投诉无门，遭遇"踢皮球"；
（2）每次投诉都要重复一遍投诉问题，不胜其烦；
（3）跑了好几趟，仍然没有解决问题；
（4）一人一个说法，矛盾百出，令人疑窦丛生；
（5）不受尊重，不当回事，丧失信心；
（6）效率太低，丧失耐心。

以上六种情况下，大部分是由于投诉处理人员处理不当造成的，这些现象有可能极大地激怒客户，使问题更加复杂化，从而使原本是一般投诉的升级为重大投诉。

二、处理重大投诉的原则

下面讲到的原则对于一般投诉也是适用的，只是在重大投诉的处理过程中，这些原则很容易被忽视，所以以下再次特别强调。

（一）善待投诉者

一般来说，投诉是一件任何人都不希望发生的事情。不仅投诉涉及的商品或服务因为不尽如人意而令人烦恼，而且投诉本身也不是一件令人愉快的事情，需要投诉者费时费力地打电话,甚至要到店面去,增加了消费成本。因此,善待投诉者、尊重投诉者是妥善处理投诉的第一原则。重大投诉给予企业很大的压力,投诉处理人员在处理投诉时,容易从心理上产生对投诉者的对立情绪,此时投诉处理人员一定要提醒自己,一定要善待重大投诉的客户。

（二）以法律为基础,以合理为标准,以满意为目标

投诉处理,既是一个倾听和安抚的交流过程,又是一个此消彼长、牵涉利益的谈判过程。因而投诉处理方案,一定要寻求客观的依据,否则企业和投诉者双方将难以达成共识。而处理投诉最好的依据就是法律,但是,处理客户投诉不是"以法律为准绳",而是"以法律为基础",以满意为目标,在参考法律的基础上双方协商,达到满意是最佳答案。面对一个投诉,企业是否有过错,是否应当承担责任和承担责任的范围,都应当以法律的规定为依据。企业在处理投诉时主要涉及的法律有《消费者权益保护法》《产品质量法》,商品或服务所属行业的相关法律规定,民事基本法律如《中华人民共和国民法通则》(以下简称《民法通则》)、《中华人民共和国合同法》(以下简称《合同法》)等。企业依法提出投诉处理方案,即便客户不接受,执意要对簿公堂,最后仍然可能获得同样的结果。

第七节 重大投诉的处理技巧

一、情绪激动的客户

投诉处理人员在客户情绪激动的情况下很难与其进行理性的面谈,同时客户也可能会做出一些不理智的事情。面对这种情况,投诉处理人员化解情绪激动的客户的技巧如下。

（一）音量控制

投诉处理人员要避免与客户因投诉而引发冲突,要从细节做起,如讲话的音量:声音小,客户会听不到;声音太大,又会被认为态度不好。因此,投诉处理人员讲话的音量应确保声音能清晰地传递到客户的耳中即可,同时语气要亲切、平和。

（二）性别差异化

实践表明,在处理投诉时企业实行差异化的性别服务的效果最好。对于男性客户,以女性投诉处理人员接待为佳;而对于女性客户,则尽可能由男性投诉处理人员接待。因为在异性的面前,人们更倾向于展示自己个性中积极的一面,更容易消除心理戒备,以礼相待,融洽配合。这一点在男性客户的身上表现得尤为明显。

（三）及时换人

在处理投诉时,如果客户与某位员工发生了口角,企业应当及时换人。对于企业来说,及时地更换当事员工,并不意味着承认当事员工做得不对;而对于客户来说,当争端发生时,客户已经无意识地将争端从投诉本身扩大到了和他打交道的特定员工的身上。因此,遇到这种情况企业及时更换人员以后,客户会有一种心理上的获胜感,情绪得以舒缓,有利于及时解决投诉。

(四)及时转换情境

有时候,客户会在投诉现场大吵大闹,引来众人的围观,使企业无法正常的工作,还影响了企业的声誉,令人非常头疼。这类客户一般比较自我,对他人的控制欲强,表演欲强,有着不达目的不罢休的执着个性。他在投诉现场大吵大闹,是知道企业不希望发生这种状况,而故意制造这种状况,以胁迫企业息事宁人地接受自己的要求。这个时候,除了及时换人以外,投诉处理人员更重要的是要巧妙地及时转换情境,变被动为主动。

二、"醉翁之意不在酒"的客户

消费投诉绝大多数是为了解决商品或服务的具体问题,如退货、修理、更换、重做或赔偿。但是,有些投诉者却另有诉求,如拉广告、拉赞助、推销商品、推荐供应商等。借投诉之名要挟企业签订"城下之盟",是一种不道德的行为,企业对此非常反感,即便有的企业迫于压力稍做一时的妥协,适当时候也会"反弹",客户的意图最终也不能得逞。

在这类投诉的处理过程中,尤其是在投诉者的意图未明朗之前,投诉者往往给投诉处理造成很大的困扰和压力。因此,投诉处理人员有必要尽早地识别出这一类型的投诉,以便能有针对性地予以回应。

(一)"醉翁之意不在酒"的客户投诉的特点

1. 夸大其词

借投诉另有所图的投诉者往往夸大投诉问题和该问题对企业的影响。一般来说,有相当一部分的投诉者都会夸大所投诉的问题,以期获得重视并得到及时处理。而"醉翁之意不在酒"的客户与一般投诉者的区别在于,他们不仅夸大问题,而且特别强调问题对企业的影响,如投诉的问题如果被曝光,企业的声誉会受多大的影响,企业会有多少的经济损失等。投诉者夸大问题的目的,在于为其随后的要求做铺垫。

2. 要求企业负责人出面商谈投诉处理

一般投诉者有时也会向投诉处理人员要求由企业的领导出面来解决投诉。但是,一般投诉者所说的领导是泛指的,指比投诉处理人员的层次高、有话语权的领导。而"醉翁之意不在酒"的客户往往直指企业的负责人。另一个区别是,一般投诉者要求企业的领导出面解决投诉问题时,往往会比较急躁,因为他不满意当前的投诉处理情况,请领导出面是他在无奈之中想到的,也许这是能尽快处理投诉问题的一个方式。而"醉翁之意不在酒"的客户在要求企业的领导出面时,往往会气定神闲,因为他早有盘算。

3. 迟迟不提投诉要求

"醉翁之意不在酒"的客户往往在摆出投诉事实以后,夸夸其谈投诉问题对企业的影响,却不提投诉要求。如果投诉处理人员征求这类客户的意见,他们往往会提出让企业的负责人来谈判。

(二)处理技巧

1. 最初接到投诉时不要被吓倒

企业在经营的过程中出现问题是正常的,只要不是原则性问题,只要企业能有针对性及时地解决问题,就不会对企业构成致命的威胁,因此也没有必要害怕。问题既然已经出现了,企业就必须依法承担责任,如果一接到投诉就被吓晕了,那正好让"醉翁之意不在酒"的客户觉得有可乘之机。

2. 一定要让投诉者先提出解决方案

面对"醉翁之意不在酒"的客户,企业可以只表态,提出宏观性原则,如果企业重视投诉者的投诉,自然会合理合法地予以妥善解决。"醉翁之意不在酒"的客户提出解决方案以后,投诉处理人员视情况可以请投诉者提出书面的要求,此时投诉者也不好拒绝。如果投诉者不同意提出书面的要求,投诉处理人员也要把投诉者的要求记录下来,请他签字认可。很多时候,投诉者如果不愿意提出书面的要求,也是不会签字的。

3. 从程序上争取主动

投诉处理人员得知"醉翁之意不在酒"的客户的真实意图以后,下一步就是要争取程序上的主动。投诉处理人员要将投诉者提出的投诉问题与其他问题分开处理,先处理投诉问题;接着就可以按企业正常的规定处理投诉赔偿等其他问题。另外,处理结果一定要让投诉者签字认可。

4. 设置程序障碍,处理投诉者提出的非分要求

如果"醉翁之意不在酒"的客户提出了超出一般索赔的要求(如招工、推荐广告等),投诉处理人员要按照企业规定的原则答复投诉者。比如招工,要按企业的录用要求进行考试、面试;若推荐广告,要按企业的宣传计划进行甄选。对于投诉者对企业的监督和支持,投诉处理人员要表示感谢;对于投诉者推荐的广告、商品的甄选情况,投诉处理人员要对本次不能合作表示遗憾,希望日后有适当的机会再合作等。

5. 视情况与投诉者的上级沟通

在以上四个步骤都无法解决问题的情况下,投诉处理人员还可以设法找到"醉翁之意不在酒"的客户的上级进行沟通,向其表明投诉情况和企业提出的解决办法,如实反映问题,请求对方领导协助解决问题。

三、超出正常索赔要求的客户

投诉者开天进行价索赔,这种情况在投诉处理中并不少有,相关报道也不时地出现在新闻媒体中。这里涉及一个赔偿标准的问题,而赔偿标准的依据是相关的法律规定。

(一)赔偿标准总述

向消费者赔偿,是因为企业提供的商品或服务有瑕疵,而依法承担的一种民事法律责任。在处理具体的赔偿投诉时,企业要注意把握以下要点。

1. 企业赔偿首先是以消费者的实际损失为限度

消费者的实际损失必须是因为瑕疵商品或服务直接引起的,也就是法律术语所说,损失与瑕疵商品或服务具有"直接的因果关系"。如有的消费者投诉,因使用了某种商品,造成家庭不和,最后导致夫妻离异,要求企业赔偿其因为夫妻离异所造成的损失,在这个案例中,商品与夫妻离异之间显然不具有"直接的因果关系",因此企业可以不用承担赔偿责任。

消费者的实际损失必须是客观现实的,而不是想象的。比如,消费者购买了有质量隐患的商品,其实际损失主要是购买商品的价款,而不是因将来可能发生的质量事故而遭受的损失。

消费者的实际损失除了直接购买商品或服务的价款、税费以外,还包括为购买、索赔所支付的合理费用,如交通费用等,但不包括律师费。

此外,消费者的实际损失应有相关的证据,口说无凭。如果消费者不能提供发生费用的证据,原则上企业可以不计入实际损失进行赔偿。

需要注意的是,企业的赔偿额要与企业的过错相适应。比如,在一个投诉中,确定消费者的实际损失为1万元,而造成这一损失是因为企业和消费者互有过错,如果确定责任为三七开(即企业占70%,消费者占30%),则企业应支付的赔偿额为7000元。

在上述大原则之下,各省的消费者权益保护条例或者《消费者权益保护法》还有一些具体、详细的规定,企业在与客户就赔偿问题进行谈判时可以以这些规定为基础,制订适当的赔偿方案。

2. 客户提出间接损失处理

某些消费者在投诉时会要求赔偿间接损失。如因某种商品出问题,投诉者在某项商业活动中造成项目失败,要求企业赔偿项目损失费;因某种商品或服务存在瑕疵,影响了投诉者正常的生活、工作,造成业务损失,要求赔偿业务损失费。

如前所述,企业对消费者的赔偿责任仅限于直接损失,间接损失不在法律保护之列。直接损失赔偿包括直接财产损失赔偿、人身伤亡赔偿和精神损害赔偿。后两项在下面专门讨论,这里我们先讲直接财产损失。直接财产损失赔偿主要涉及以下三个方面。

(1) 瑕疵商品或服务本身的价款。如果不退货,赔偿额还应扣除商品或服务本身的作价。

(2) 瑕疵商品或服务直接造成的其他财产损失或人身损害。如电热水壶爆炸,炸坏了茶几,则一并赔偿茶几的损失。

(3) 因瑕疵商品或服务支付的必要费用,如修理费、交通费等,但不包括律师费。按我国有关法律的规定,律师费是由消费者自行承担的。

3. 双倍赔偿

如果企业在提供商品或服务时有欺诈行为,按照《消费者权益保护法》的规定,进行赔偿。

4. 从企业违约的角度要求赔偿

谈论赔偿问题,根据法律的相关规定,可以选择从两个角度着手,一个是侵权,一个是违约。这两个角度只能选择其一,不能并行或叠加。下面是从违约角度来说明企业应承担的违约责任。

(1) 按合同约定承担赔偿责任。如果企业在与消费者的合同中有特别约定(如约定"无效退款"等),则企业应当按照合同的约定承担赔偿责任。

(2) 按《合同法》的规定承担预期利益损失。根据《合同法》的规定,因违约给对方造成损失的,损失赔偿额应相当于因违约所造成的损失,包括合同履行后可以获得的利益,但不得超过违反合同一方订立合同时预见到或者应当预见到的因违反合同可能造成的损失。在消费领域,企业应当预见到的因违约可能给消费者造成的损失,实际上也就是商品或服务本身价款以及必要的其他费用,正是上面所说的直接财产损失的范围。

(3) 扣除因消费者未及时采取措施造成的扩大损失部分。如果因企业违约给消费者造成损失的,消费者有义务避免损失的扩大,否则无权就扩大损失的部分要求赔偿。

(二) 精神损害赔偿

现在越来越多的消费者会提起精神损害赔偿,目前,我国的法律是支持精神损害赔偿要求的,但有严格的范围限制。

1. 未造成严重后果的精神损害赔偿要求,人民法院"一般不予支持"

根据2001年3月10日实施的《最高人民法院关于确定民事侵权精神损害赔偿责任若干问题的解释》的规定,精神损害赔偿的方式包括残疾赔偿金、死亡赔偿金和其他损害情形的精神抚慰金。"其他损害情形的精神抚慰金"也就是通常消费者提到的"精神损害赔偿"。根据该解释的规定,因侵权致人精神损害,但未造成严重后果,受害人请求赔偿精神损害的,一般不予支持,人民法院可以根据情形判令侵权人停止侵害、恢复名誉、消除影响、赔礼道歉。

2. 获赔精神损害赔偿,适用于特定的手段和情节

除了残疾赔偿金、死亡赔偿金以外,在消费领域,人民法院支持精神损害赔偿的情况主要是消费者遭受殴打、搜身、限制人身自由等。例如,《广东省实施〈中华人民共和国消费者权益保护法〉办法》虽然规定了最低5万元的精神损害赔偿额,但明确适用于"经营者以暴力或者其他方法公然侮辱或者捏造事实诽谤消费者,搜查消费者的身体及其携带物品"的情形。又如,《云南省消费者权益保护条例》虽规定了最低1万元的精神损害赔偿额,但同样给出了限制,仅适用于"经营者以侮辱、诽谤、搜查、限制人身自由等手段"侵害消费者人身权利的情况,并且对情节有要求。

3. 精神损害赔偿数额受六个因素的影响

根据《最高人民法院关于确定民事侵权精神损害赔偿责任若干问题的解释》第十条的规定,精神损害的赔偿数额根据以下因素确定:

(1) 侵权人的过错程度,法律另有规定的除外;

(2) 侵害的手段、场合、行为方式等具体情节;

(3) 侵权行为所造成的后果;

(4) 侵权人的获利情况;

(5) 侵权人承担责任的经济能力;

(6) 受诉法院所在地平均生活水平。

法律、行政法规对残疾赔偿金、死亡赔偿金等有明确规定的,适用法律、行政法规的规定。

该解释第十一条还规定,受害人对损害事实和损害后果的发生有过错的,可以根据其过错程度减轻或者免除侵权人的精神损害赔偿责任。

(三) 敲诈勒索问题

作为企业,对于客户的索赔要求,一般首先认定是正当、合理的,但是当某些客户提出不切实际的索赔条件,谈判态度过于强硬时,企业要警惕是否遇到了敲诈勒索的情况。

敲诈勒索罪,是指以非法占有为目的,以威胁或者要挟的方法,强索公私财务,数额较大或者多次实施但未达到数额较大程度的行为。根据《中华人民共和国刑法》第二百七十四条的规定,敲诈勒索公私财物,数额较大或者多次敲诈勒索的,处3年以下有期徒刑、拘役或者管制、并处或者单处罚金;数额巨大或者有其他严重情节的,处2年以上10年以下有期徒刑并处罚金,数额特别巨大或者有其他特别严重情节的,处10年以上有期徒刑,并处罚金。

总之,赔偿投诉是一个比较复杂的问题,也是专业性比较强的问题。企业想要成功

地处理赔偿投诉,不仅需要高超的化解投诉的技巧,而且还需要掌握必要的法律知识。

第八节 企业向消费者道歉的技巧

企业在经营的过程中向消费者道歉的情况经常出现。这是企业本着"客户至上"的精神而为。事实上,来自企业的一句"对不起"也使投诉处理起来变得容易了很多。但是,有时客户对道歉有要求,如登报道歉、上门道歉,投诉处理人员就必须把握道歉的技巧,灵活地运用道歉的方式。

一、依法赔礼道歉的范畴

侵犯消费者的人身权利(而不是财产权利),需要承担"赔礼道歉"的法律责任。根据《民法通则》第一百二十条的规定,公民的姓名权、肖像权、名誉权、荣誉权受到侵害的,有权要求停止侵害,恢复名誉,消除影响,赔礼道歉,并可以要求赔偿损失。公民的姓名权、肖像权、名誉权、荣誉权统称为公民的人身权。在消费投诉中,涉及的人身权问题绝大多数是名誉权问题。需要注意的是,法律所说的侵犯名誉权与日常生活中人们的一般理解有所不同。根据最高人民法院《关于贯彻执行〈中华人民共和国民法通则〉若干问题的意见(试行)》第一百四十条的规定,以书面、口头等形式宣扬他人的隐私,或捏造事实公然丑化他人人格,以及用侮辱、诽谤等方式损害他人名誉,造成一定影响的,应当认定为侵害公民名誉权的行为。也就是说,法律上的侵犯名誉权是指这里列出的几种行为。

此外,《消费者权益保护法》还有相关的补充规定,经营者不得对消费者进行侮辱、诽谤,不得搜查消费者的身体及其携带的物品,不得侵犯消费者的人身自由。如果经营者违反了这一规定,侵害消费者的人格尊严、侵犯消费者人身自由的,应当停止侵害、恢复名誉、消除影响、赔礼道歉、并赔偿损失。

综上所述,根据现行的法律规定,企业依法必须承担"赔礼道歉"法律责任的情况如下:

(1) 对消费者进行侮辱、诽谤;
(2) 搜查消费者的身体及其携带的物品;
(3) 侵犯消费者的人身自由;
(4) 捏造事实公然丑化消费者的人格;
(5) 以书面、口头等形式宣扬消费者的隐私;
(6) 侵犯消费者的姓名权、肖像权、荣誉权。

二、赔礼道歉的形式、技巧

赔礼道歉作为一种民事责任,是对侵犯人身权利的补救措施,因此,赔礼道歉的形式是以能够达到对人身权利的补救目的而确定,在什么范围内侵犯了消费者的人身权利,就在什么范围内进行恢复。如通过公开发行的报刊侵犯了消费者的人身权利,那么就要在同样的报刊、同样的版面向消费者公开道歉。但是,当消费者提出登报公开道歉的要求时,只要企业并非在报刊发行所及范围内侵犯消费者的人身权利,企业完全可以通过适当的方式予以拒绝。

赔礼道歉的形式有以下四种形式。

(一) 登报公开道歉

一般来说,除了企业发布传媒广告侵犯了他人的肖像权、姓名权,企业需要在同样范围内刊登致歉公告以外,企业不宜在媒体上公开书面道歉。这主要是出于两个方面的考虑:一方面是企业的形象很可能受到影响;另一方面是出于法律后果的考虑,致歉公告一旦刊登出来,所有涉及的客户在理论上都可以拿着致歉公告向企业索赔。如果由于涉及的客户众多,企业必须通过传媒广告通知客户并表示歉意的话,可以通过以下方式使公开认错软性化:

(1) 不以企业的名义,而是使用报道的口吻,如记者采访某个问题,企业负责人向客户表示歉意等;

(2) 将焦点集中在问题的解决上,如问题是如何出现的,如何善后,今后如何避免等,顺带向客户表示歉意。

(二) 上门道歉

对于客户的意见很大、难以沟通的,以及客户的地位尊贵的情况,上门道歉是一种比较好的投诉处理方式。

上门道歉的人员中应当具有一定级别的员工,如主管等。上门道歉除了要带齐与投诉有关的资料以外,还应准备一些企业的公务礼品。

由于上门道歉的成本比较高,企业应对上门道歉进行合理的控制,不要动辄就上门道歉,否则会降低上门道歉的质量。

(三) 口头道歉

企业提供的商品或服务有瑕疵或令客户产生了误会,在收到客户的投诉后,向客户口头表示歉意,这是企业的投诉处理人员常见的表现。口头道歉对于企业来说并不见得就是自认有错,而更多的是传递了"客户至上"的态度;而对于客户来说,企业认错使他们感到了受重视、受尊重,由此拉近了双方的距离,双方进一步的交流会顺畅很多。因此,口头道歉需要注意的是,认错的态度要真诚,如果流于形式,也起不到认错的作用。

(四) 书面道歉

企业给出的书面认错从形式上和内容上都要规范。从形式上,企业的书面认错应当以企业的名义或者企业的下属业务单位(如店面)的名义出具。从内容上,企业的书面认错应客观表述所涉及的相关事实,不要牵扯责任问题,致歉的表态也不要涉及法律责任。

为了确保书面道歉的形式和内容的规范,企业应当建立相关的流程,认错书或致歉函要经过相关法律人员的审核方能通过。

第九节　群体性投诉的处理

群体性投诉对企业的影响就像一场强台风登陆,事发突然,破坏力强,即使最后成功地平息,企业也往往被搞得焦头烂额、狼狈不堪。在遭遇群体性投诉时,企业的应对要注意以下六个方面。

一、危机预警

企业的投诉处理人员在接到比较频密的同一类型投诉时,就要拉响群体性投诉的警报,从而为应对群体性投诉赢得宝贵的时间。然后,企业要紧急制订应对方案,包括调查商品或服务涉及的客户数量、预测可能出现的投诉量、客户可能提出的投诉要求、企业回应客户的投诉处理方案、企业回应客户的方式等。

二、取得政府、传媒和消费者协会的支持

企业确定好应对方案以后,要立即取得政府和传媒的支持。企业要准备好报告书和相关资料送到主管部门和监督部门,并派出专人进行沟通。在传媒方面,企业要视情况决定是否召开新闻发布会或请记者发稿。如果企业的掌控能力有限,不能确保所有的媒体都不进行报道,最好准备统一的新闻通稿。在消费者权益保护协会方面,企业要准备好方便消费者权益保护协会工作的资料,视情况需要可以在消费者权益保护协会临时派驻企业代表。企业主动与政府、传媒、消费者权益保护协会进行沟通,讲清情况,可以使它们工作得更主动,取得它们的理解和同情,还可以从它们那里获得一些有益的建议。

三、监控事态发展

企业要安排专人对事态发展进行监控、报告,包括每日的投诉情况、投诉个案的发展情况、媒体和公众的舆论动态等。企业通过监控事态的发展所获得的信息,可以帮助企业适当地调整应对方案。

四、各个击破

对于已出现的投诉,企业要实行各个击破。如果投诉的数量众多,企业可以按照投诉的类型、地域等因素分成组群,然后再分别进行处理。特别要注意的是,在对投诉进行逐个击破时,企业要有整体的、统一的处理方案,以免投诉者互相比较。如果确实需要有所差别,如客户因装修问题而产生的投诉,由于投诉者的装修标准不同,所以对投诉者的补偿金也不同,那么企业应与投诉者签订严格的保密协议,并特别约定如果投诉者违反协议应当支付的违约金额。

五、攻心为上,奖励配合

在统一的投诉处理方案的基础上,企业可以根据情况制定奖励条款。比如,对于在某段时间内接受投诉处理方案的投诉者,给予最高额的奖励;随后一段时间内接受投诉处理方案的投诉者,奖励略低。在企业给出最高奖励的阶段,观望的客户还在多数;而在随后的略低奖励阶段,客户看到企业确实不会加码、反而降低了奖励幅度,才会对企业的投诉处理方案产生认同,绝大多数客户会在这个阶段配合解决投诉。

六、避免群体性事件

遇到群体性投诉,企业要注意避免投诉者闹事。如果投诉者现场聚集、集会、游行,

那么群体性投诉已经演化成群体性事件,企业要在第一时间通知公安机关,由公安机关负责治安维护,企业应协助疏散。

第十节 重大投诉中的有关问题

一、法律顾问在投诉处理中的角色

在有的投诉中,客户会要求与企业的法律顾问进行谈判。此时,投诉处理人员可以请法律顾问出场。但是,实践证明,法律顾问出面并不一定有利于投诉的处理。

由法律顾问与客户谈投诉处理,客户往往会陡生戒心,处处防备,而且会有意无意地往打官司的路上想,反而使谈判气氛会越来越紧张。其中的缘由是因为法律顾问的身份对于客户起着很强的暗示作用。

其实,在很多时候,客户提出要与法律顾问进行谈判,是表达了自己与投诉处理人员在法律问题上的分歧,以及其希望能有法律专业人士发表一下对问题的看法。因此,当客户提出希望与法律顾问谈判的时候,投诉处理人员不应将整个投诉转给法律顾问,而应妥善安排,请法律顾问解答某个问题,将回答传递给客户,或者请法律顾问仅就某个法律问题向客户进行解释,随后,还是应由投诉处理人员与客户继续解决投诉处理。

如果某个投诉涉及较多的法律专业问题,那么也可以由法律顾问来处理,但此时法律顾问要向客户表明自己的身份不再是法律顾问,而是一名投诉处理人员。

二、企业高层领导什么时候出面

应该说,企业高层领导亲自处理投诉,对于投诉的及时处理,以及了解具体的业务情况,都具有积极的作用。但是,从资源的合理分配以及从投诉处理的规律考虑,对企业高层领导亲自出面处理的投诉量应当适当地加以控制。

对于一般投诉,企业高层领导不宜亲自出面处理,也没有必要。

对于社会地位较高的投诉者,出于对等原则以及为企业营造良好的社会关系的目的,企业高层领导可以适当出面,如致电、拜会等。

对于其他投诉者的投诉,如果投诉者要求见企业高层领导,可以先由秘书出面处理。对确实需要安排企业高层领导与客户会面的情况,高层领导应着重谈论宏观原则,不宜深入投诉细节;同时高层领导可以当着客户的面指定跟进人员,后续事务由该员工负责处理。这些安排的目的是为了给企业高层领导留下回旋余地,避免投诉僵局的发生。直接负责处理投诉的人员应注意及时向企业高层领导汇报处理情况,在必要时,企业高层领导再亲自参与投诉的处理。

三、与消费者权益保护协会合作

消费者权益保护协会是一个民间团体,没有行政权力,这是消费者权益保护协会与政府监管部门的区别。消费者权益保护协会的职能是代表消费者的利益,对企业实施监督。但是,对于企业来说,消费者权益保护协会是一个合作的好伙伴。

消费者权益保护协会每天要受理大量的投诉,它们要帮助消费者向企业要一个说法。但是,一方面消费者权益保护协会实际上非常需要企业的配合,以便给消费者一个交代。这样,消费者权益保护协会更像一个中间机构,连接着企业与消费者。消费者没有找企业(很多时候是找企业没有得到解决)而找消费者权益保护协会,企业可能会感到一定的压力;另一方面,企业通过消费者权益保护协会与消费者进行协商,其实也增加了企业的谈判力量。此外,消费者权益保护协会有丰富的投诉解决经验,能够给企业提出有益的解决建议。因此,消费者权益保护协会是企业需要很好维护、珍惜的合作伙伴。

对于消费者权益保护协会转给企业的投诉,企业要优先处理,这对企业自身有利,也是对消费者权益保护协会的支持。对于投诉,企业有不同的看法,也可以与消费者权益保护协会进行全面的沟通,以便获得其工作人员的认同。

第九章

客户资信监控与防范

客户资信管理的过程包括事前控制、事中控制与事后控制三个阶段。其中,客户资信调查评估属于事前控制,交易中的业务风险防范属于事中控制,而资信调查是业务风险防范的前提和基础。

第一节 客户资信的调查方法

一、信用调查

信用调查,是指收集和整理反映客户信用状况的有关资料的一项工作。它是企业的财务主管进行应收账款日常管理的基础,是正确地评价客户信用的前提条件。信用调查的方法分为以下两大类。

（一）直接调查法

直接调查法,是指企业的调查人员直接与被调查客户接触以获取信用资料的一种方法。这种方法能保证收集资料的准确性和及时性,但如果被调查客户不予合作,则其调查资料就不会完整和准确。

（二）间接调查法

间接调查法,是指企业通过对被调查客户和其他客户的有关原始记录和核算资料,进行加工整理以获取信用资料的一种方法。这些资料的主要来源于以下四个方面。

1. 会计报表

有关被调查客户的会计报表是信用资料的主要来源。因为通过会计报表分析,调查人员基本上能掌握一个企业的财务状况和盈利状况。

2. 信用评估机构

世界上的许多国家都有信用评估的专门机构,这些机构会定期发布有关企业的信用等级报告。目前,我国的信用评估机构有三类:一是独立的社会评估机构;二是中央银行负责组织的评估机构,一般由商业银行和各部门的专家进行评估;三是商业银行组织的评估机构。专门的信用评估机构的评估方法先进,评估调查细致,可信度较高。

3. 银行

银行是信用资料的一个主要来源,因为许多的银行都设有信用部门,把调查相关客户的商业信用作为自己的一个服务项目。

4. 其他机构

除去以上常用的一些调查单位以外,调查人员还可以针对相关政府部门或者一些协会组织进行调查,如财税部门、工商行政管理部门、证券交易所、消费者权益保护协会以及企业的主管部门等。

二、客户资信报告的编制

通过不同的渠道收集到客户信息之后,企业的业务经理或信用分析人员可以根据实际需要,编制各种不同内容的客户资信报告。下面是一些常见的客户资信报告的类型。

(一)企业注册资料报告

调查人员通过考察企业的注册资料或商业登记资料,可以判断企业是否合法成立。另外,通过企业的注册资料和实际资本调查人员还可以估计企业的规模大小,并判定企业是否带有投机性质。

(二)标准报告

标准报告是包括企业的概要、背景、管理人员的情况、经营状况、财务状况、银行往来、公众记录、行业分析、实地调查和综合评述等内容的客户资信报告。标准报告提供被调查客户的全面情况,适用于企业在一般的商业往来中对客户的选择。

(三)深度报告

如果企业认为标准报告的内容有些单薄,可以编制一份综合信用报告,也就是深度报告。其内容包括标准报告的所有内容,并在所有的环节中进一步深化,使客户信息更全面、更有深度,并附有对被调查客户最近3年财务情况进行的完整的综合分析。深度报告适用于交易金额偏大或较为陌生的客户。

(四)财务报告

如果企业与被调查客户较为熟悉,对被调查客户除了财务以外的情况均很了解,此时企业可以针对被调查客户的财务信息编制成财务报告,对被调查客户进行完整的财务分析,并与所在行业的平均水平进行比较分析。

(五)特殊报告

如果企业认为某个被调查客户是自己最重要的客户,对企业的生存与发展具有重大影响,就必须对被调查客户进行全面、深入的调查,必须得到更多的关于被调查客户的背景资料、财务数据以及市场状况分析方面的信息。企业可以根据上述得来的信息编制特殊报告。

（六）连续服务报告

如果企业认为被调查客户需要定期进行调查与监控，可以根据标准报告的内容连续不断地编制连续服务报告，并随着时间的推移，随时以最新的信息对标准报告的内容进行更新和补充。

除了上述客户资信报告以外，企业也可以根据内部需要，编制各种分类报告以满足不同的需求，如主要管理人员背景报告、经营状况报告、历史发展报告等。

第二节 客户资信的分析

一、短期偿债能力的分析

企业短期偿债能力反映了企业在一定时期内出现付款危机的可能性，主要是指在一年或超过一年的营业周期内企业用流动资产和营业利润归还到期流动负债的能力。企业短期偿债能力主要的衡量指标及分析方法有以下三个。

（一）流动比率

流动比率，是指流动资产与流动负债的比率，其计算公式为：

$$流动比率=\frac{流动资产}{流动负债}\times100\%$$

流动比率表明企业每一元流动负债有多少流动资产作为偿还的保证，反映了企业用在短期内转变为现金的流动资产，用以偿还到期流动负债的能力。

一般情况下，流动比率越高，反映企业短期偿债能力越强，对债权人的权益越有保证。流动比率高，不仅反映企业拥有的营运资金多，可以用来抵偿债务，而且表明企业可以变现的资产数额大，债权人遭受损失的风险小。

（二）速动比率

速动比率，是指速动资产与流动负债的比率，其计算公式为：

$$速动比率=\frac{速动资产}{流动负债}\times100\%$$

在上述公式中，速动资产是指流动资产减去变现能力较差且不稳定的存货、待摊费用、待处理流动资产损失后的余额。

速动比率可用作流动比率的辅助指标，它能更准确地反映企业的短期偿债能力。有时，企业的流动比率虽然较高，但流动资产中易于变现、可用于立即支付的资产却很少，则企业的短期偿债能力较差。

（三）现金比率

现金比率，是指企业现金类资产与流动负债的比率，其计算公式为：

$$现金比率=\frac{现金+有价证券}{流动负债}\times100\%$$

现金类资产包括企业所拥有的货币和持有的有价证券(指易于变现为现金的有价证券),它是速动资产扣除应收账款后的余额。由于应收账款存在发生坏账损失的可能,某些到期的账款不一定能按时收回,因此,速动资产扣除应收账款后计算出来的金额,最能反映企业直接偿付流动负债的能力。需要注意的是,现金比率虽然能反映企业的直接支付能力,但在一般情况下,企业不可能也没必要保留过多的现金类资产。如果这一比率过高,就意味着企业所筹集的流动负债未能得到合理的运用,而经常以获利能力低的现金类资产保持。

二、长期偿债能力的分析

长期偿债能力,是指企业偿还长期负债的能力。评价企业的长期偿债能力,从偿债的义务来看,包括按期支付利息和到期偿还本金两个方面;从偿债的资金来源来看,则是企业经营所得的利润。也就是说,企业的长期偿债能力是和企业的获利能力密切相关的。因为在企业正常生产经营的情况下,企业不可能依靠变卖资产还债,而只能依靠实现利润偿还长期债务。这里我们仅从债权人考察借出款项的安全程度以及企业考察负债经营的合理程度出发,分析企业对长期负债还本与付息的能力。

(一)债务资产比率

债务资产比率又称资产负债率,是指企业负债总额与资产总额的比率,其计算公式为:

$$债务资产比率 = \frac{负债总额}{资产总额} \times 100\%$$

债务资产比率从资产与负债的依存关系角度判明企业的债务可到期偿还的程度(或者说债务的物质保障程度),以及从企业持续经营的角度看债权人的利益保障程度。如果债权人对企业资金的投入比企业出资者的多,则债权人承担的风险大,企业的长期偿债能力低。债权人的利息收益是固定的,却承担了企业经营的较大风险;而投资者的收益随经营的好坏变化,却承担着较少的风险。因此,长期债权人投资于债务资产比率较高的企业时应当谨慎。

债务资产比率也表示企业对债权人资金的利用程度。如果此项比率较大,从企业所有者的角度来说,利用较少的自有资本投资,形成较多的生产经营用资产,不仅扩大了生产经营规模,而且在经营状况良好的情况下,还可以利用财务杠杆的原理,得到较多的投资利润。因此,企业也应当寻求债务资产率的适当比例,既能保持长期偿债能力,又要最大限度地利用外部资金。

(二)净流动资产对长期负债的比率

净流动资产对长期负债的比率,是指企业的流动资产总额减去流动负债总额之差与长期负债的比率,其计算公式为:

$$净流动资产对长期负债的比率 = \frac{流动资产总额 - 流动负债}{长期负债} \times 100\%$$

净流动资产对长期负债的比率是衡量长期债权人提供企业流动资产的尺度,也是衡量长期负债偿还保障程度的一个重要指标。

一般情况下,以流动资产作为偿还长期负债的物质基础,对长期债权人来说到期收回债务本息的风险最小。因此,净流动资产对长期负债的比率越高,企业的长期偿债能力越强;反之,净流动资产对长期负债的比率越低,企业的长期偿债能力越弱。

(三) 固定资产与所有者权益的比率

固定资产与所有者权益的比率,是指将固定资产与所有者权益所得出的比率,其计算公式为:

$$固定资产与所有者权益的比率 = \frac{固定资产}{所有者权益} \times 100\%$$

固定资产与所有者权益的比率可以用于衡量固定资产与自有资本的平衡关系。若此比率>1,表明固定资产大于所有者权益,有一部分固定资产是用负债性资金购建的;若此比率<1,则表明固定资产小于所有者权益,有一部分其他资产包括长期资产或短期资产是由所有者权益提供资金的。

一般情况下,固定资产投资应与自有资本(所有者权益)相适应,而不应过多地依靠举债,这样资产结构、筹资结构(资本结构)才有长期的安全性、稳定性。

(四) 固定资产与长期资金的比率

固定资产与长期资金的比率,是指固定资产与长期性资金来源(长期负债和所有者权益)的比率,可用于判断企业是否合理调配资金购建固定资产,其计算公式为:

$$固定资产与长期资金的比率 = \frac{固定资产}{长期负债+所有者权益} \times 100\%$$

固定资产与长期资金的比率分析需要与固定资产与所有者权益的比率分析相结合。若固定资产与所有者权益的比率>1,而固定资产与长期资金的比率<1,在其他长期资产比率不变的情况下,说明一部分固定资产是由长期负债负担的,资本结构还称得上健全,资产与其资金来源还称得上适合,因为固定资产是由不需要立即清偿的长期资金包括所有者权益和长期负债组成。若固定资产与长期资金的比率也>1,则说明一部分固定资产和其他长期资产是由流动负债提供资金的,这时资本结构存在较严重的问题,极容易引起财务风险。

从维护资本结构稳定性和安全性的角度出发,固定资产与长期资金的比率越低越好,但过低也会带来筹资成本增加的问题。

(五) 所有者权益与资产的比率

所有者权益与资产的比率,是指所有者权益除以资产总额所得的结果,其计算公式为:

$$所有者权益与资产的比率 = \frac{所有者权益}{资产总额} \times 100\%$$

所有者权益与资产的比率是为了评价总筹资中有多少属于所有者权益性资金。一般来说,所有者权益与资产的比率越高,说明由所有者权益性资金提供保证的企业资产越多,企业的财务状况越稳固。

第三节　客户资信的评估方法

根据我国企业的现实情况,我们可以采用特征分析模型和营运资产分析模型作为信用分析的基本出发点,实施客户资信评估和信用限额计算。

一、特征分析模型

(一) 特征分析模型的概念

特征分析模型,是指从客户的种种特征中选择出对信用分析意义最大、直接与客户信用状况相联系的若干因素,把它们编为几组,分别对这些因素评分并进行综合分析,最后得到一个较为全面的分析结果。

(二) 特征分析模型的分析指标

特征分析模型的分析指标可以分为以下三组指标。

(1) 客户自身特征。

这类因素主要反映那些有关客户表面的、外在的、客观的特点。这些特征是客户显而易见的外部特征,比较容易查找和发掘。

(2) 客户优先性特征。

这类因素主要是指企业在挑选客户时需要优先考虑的因素,体现与该客户交易的价值。这些特征是客户的重要特征,也是在对客户进行分析时必须重点考虑的特征因素。

(3) 信用及财务特征。

这类因素主要是指能够直接反映客户信用状况和财务状况的因素。这些特征是客户的直接特征,直接反映客户的基本信用情况,这些数据应该准确、清晰。

(三) 特征分析模型的计算过程

特征分析模型的计算过程共分为以下四个步骤。

第一,根据预先制定的评分标准,在 1~10 分范围内,对上述各项指标进行评分。客户的某项指标情况越好,分数就应打得越高。在没有资料信息的情况下,则给 0 分。

第二,根据预先给每项指标设定的权数,用权数乘以 10,计算出每一项指标的最大评分值,再将这些最大评分值相加,得到全部的最大可能值。

第三,用每一项指标的评分乘以该项指标的权数,得出每一项的加权评分值,然后将这些加权评分值相加,得到全部加权评分值。

第四,将全部加权评分值与全部最大可能值相比,得出百分比,该数字即表示对该客户的综合分析结果。百分比越高,表明该客户的资信程度越高,越具有交易价值。

(四) 对客户的资信进行评级

根据上述计算得到的综合分析结果,可以将不同的百分比列入不同的资信等级,从而得到客户的资信评定结果。我们将百分比从 0 到 100% 划分为六个等级,即 $CA1^{①}$ 到

---

① CA 即 Customer Assessment,客户资信。

CA6，分别表示客户资信状况的程度，CA1 为最好，CA6 为最差，具体分级说明见参见表 9-1。

客户资信管理是信用风险管理的基础工作，主要要求企业全面收集管理客户的信息，建立完整的数据库，并随时修订、完善，实行资信调查制度，筛选信用良好的客户。对客户的信用进行调查，既可以由企业内部信用管理部门和专职人员完成，又可以委托专门的征信机构完成。

表 9-1　客户资信评级

评估值/(%)	等级	信用评定	建议提供的信用限额（大体与具体行业有关）
86～100	CA1	极佳：可以给予优惠的结算方式	大额
61～85	CA2	优良：可以迅速给予信用核准	较大
46～60	CA3	一般：可以正常地进行信用核定	适中
31～45	CA4	稍差：需要进行信用监控	小量——需定期核定
16～30	CA5	较差：需要适当地寻求担保	尽量不提供信用额度或极小量
0～15	CA6	极差：不应与其交易	根本不应提供信用额度
缺少足够数据	NR①	未能做出评定——数据不充分	对信用额度不做建议

具体来讲，我们可以按特征分析模型评估总表的要素来对客户的资信进行评级。特征分析模型评估总表参见表 9-2。

表 9-2　特征分析模型评估总表

评估因素		评分	权数	最大可能值	最终评估值	百分比
客户自身特征	表面印象					
	组织管理					
	产品与行业					
	市场竞争性					
	经营状况					
	发展前景					
	综合评价					
优先性特征	交易盈利率					
	交易条件					
	对市场竞争力影响					
	对市场吸引力影响					
	付款担保					
	可替代性					
	综合评价					
财务信用特征	付款记录					
	银行信用					
	获得能力					
	资产负债表评估					
	偿债能力					
	资本总额					
	综合评价					
模型分析结果						

---

① NR 即 No Creditrating，即没有评定。

二、营运资产分析模型

营运资产分析模型是用于企业信用分析工作的另一个重要模型。这个模型自1981年起在国外开始应用,在计算客户的信用限额方面具有非常实用的价值。我国的企业一般很少核定客户的信用限额,应用这个模型,可以补足这方面的不足,使信用管理和销售业务更加规范化和科学化。

营运资产分析模型的计算分为营运资产计算和资产负债比率计算两个阶段。

(一)营运资产计算

营运资产分析模型首先考察的指标是营运资产,并以此作为衡量客户规模的尺度,这一指标与销售营业额无关,只同客户的净流动资产和账面价值有关。

营运资产的计算公式如下:

$$营运资产 = \frac{劳动资本 + 净资产}{2}$$

其中,劳动资本=流动资本-流动负债,净资产即为企业自有资本或股东权益。

从上述公式中我们可以看出,营运资产分析模型在营运资产的计算上,不仅考虑了客户当前的偿债能力,而且还考虑了客户的净资产实力。用这两个方面的综合平均值衡量客户风险具有很大的功效。

(二)资产负债比率计算

在营运资产计算的基础上,营运资产分析模型应用四个常用的财务比率进行计算,得到评估值,该评估值可以作为衡量客户资信状况的另一个重要指标。常用的四个财务比率分别是:

$$流动比率 = \frac{流动资产}{流动负债} \quad (A)$$

$$速动比率 = \frac{流动资产 - 存货}{流动负债} \quad (B)$$

$$短期债务净资产比率 = \frac{流动负债}{净资产} \quad (C)$$

$$债务净资产比率 = \frac{债务总额}{净资产} \quad (D)$$

$$评估值 = A + B - C - D$$

在上述公式中我们看到,A、B两项表示客户的资产流动性,C、D两项表示客户的资本结构。流动比率越高,评估值越高;资本结构比率越高,评估值越低。这说明该评估值同样用来评估客户的资信状况,它不仅考虑了客户的资本流动性,而且同时也考虑了客户的资本结构。

(三)信用限额的计算

将营运资产计算和评估值加以综合考虑,即可计算出客户的信用限额。其具体方法是,每一个评估值都对应一个百分比,以该百分率乘以营运资产即得出信用限额。如某客户的营运资产是1000万元,其评估值计算结果是0.5,对应的百分比为20%,那么该客户的信用限额是为200万元(1000万元×0.5)。

问题的关键是营运资产百分比的确定。这是一个经验性的数字,评估值代表了评估的信用等级,在不同的等级上,可给予的营运资产百分比是不同的,这是专业分析人员在大量经验的基础上获得的重要数据。以下是某公司制定的评估值与经验性统计比率,仅供参考(参见表9-3)。

表9-3　评估值与经验性统计比率

计算值	风险类别	信用程度	营运资产/(%)
<-4.6	高	低	0
<-3.9	高	低	2.5
<-3.2	高	低	5
<-2.5	高	低	7.5
<-1.8	高	低	10
<-1.1	有限	中	12.5
<-0.4	有限	中	15
<0.3	有限	中	17.5
<0.9	有限	中	20
>1	低	高	25

(四)营运资产分析模型用于信用决策

从上面的分析和计算我们可以看出,对客户营运资产的分析,不仅可以直接计算客户的信用限额,而且可以较为直观地反映客户的信用风险程度,可以作为选择客户或确定信用条件时提出重要决策的参考依据。

第四节　业务风险的防范措施

一、业务风险的产生

企业的业务风险通常发生在以下六个环节中。

(一)从接触客户到选择客户的过程

接触客户的直接目标是选择信用良好的客户进行交易。在选择客户的过程中,常见的方式有电话或信函联系、实地考察访问、对其各类文件的审查及专门的资信调查等。如果企业未能正确地选择客户就有可能导致业务风险的产生。

(二)与客户谈判到确定信用条件的过程

从最初与客户协商到双方达成一致协议,此过程中的目标是确定信用条件,包括给予信用的形式(如付款方式)、期限和金额。企业在这方面的失误往往会直接造成严重的拖欠。

(三)与客户签约到寻求债权保障的过程

交易双方的合同是信用的根据和基础,合同中的每一项内容都有可能成为日后产生信用问题的原因,同时合同也是解决欠款追收的最主要文件,因此,企业应格外注意。此外,为了确保收回货款,企业就要使用一定的债权保障手段,如担保、保险等。

(四)发货过程中实施货款跟踪的过程

销售部门以放账的形式售出货物之后,面临的一个最直接的问题就是如何对形成的应收账款进行监控,以保证及时收回货款。此时信用管理的目标是如何提高应收账款回收率。在这一环节上,我国的企业目前普遍缺少有效的方法。

(五)对到期账款实行早期催收的过程

在我国企业的应收账款管理中,货款到期日往往被忽视,客户迟付几天甚至十几天通常被认为是在合同的范围之内。事实上,货款迟付现象不仅会影响企业的资金周转,而且有可能是造成长期拖欠的隐患。因此,企业怎样在货款被拖欠的早期进行适度的催收,同时又能维护良好的客户关系,是销售经理和财务经理应重视的问题。

(六)收款失效导致企业面临追账问题的过程

如果客户在一定的拖欠时间范围内没有付款或者有逃避付款的企图,此时应视为收款失败,即发生呆账或坏账。这时,企业必须面对追账问题。企业应该按照财务规则依法处理呆账和坏账。

二、客户资信的不良征兆分析

在通常情况下,客户发生信用危机之前会有一些不良的征兆。因此,企业在与客户往来时一旦发现异常的情况,就应引起高度的重视,并对异常现象进行分析和做进一步的调查。下面就企业经常出现的几种不良征兆及分析方式做简要介绍。

(一)企业出售不动产

企业除非有特殊原因,否则不会轻易将手中的不动产脱手。经营者处理其名下的不动产,大部分是因为企业周转困难、借贷无门,为了维持营运,才会出售其不动产。遇到此类情况时,企业应尽快查明事实真相再作判断。

(二)企业或其负责人涉及诉讼

诉讼是既耗时又伤财的事,如果企业或其负责人败诉,有可能会涉及巨额的赔偿,这样会影响企业今后的业务发展。

(三)企业或其负责人有欺骗的行为或企图

信用是企业延续生命的命脉,企业或其负责人如果有欠税、逃(漏)税或是仿冒等记录,必将影响企业的信用,增加未来交易的风险。

(四)企业发现客户的订单量超出正常值

经常往来的客户,除了季节性变动以外,全年销售额应不会发生很大的变化。如果客户的订货量有异常增减,企业一定要探究其原因,密切注意该客户的负责人是否有潜逃的意图,或者有囤积商品、转卖、欺诈的可能。当然,客户也有可能是接到其他客户的大批订单,其采购数量也会相应地大幅度提高,若不查明真相,发货过于保守,就可能会损失一笔大生意。

(五)企业高价购进原材料

排除该项原材料特别紧俏的因素,客户若以高价或现金购买原材料,应查明该客户是否因信用不良,导致其供货商不愿再给予赊销。此种举动将造成该客户的经营成本上升,流动资金支出的压力增加,容易发生资金周转不灵,与这类客户交往时企业应特别小心。

(六) 企业临时急于交货,要求提前付款

一般来说,与经常往来的供货商有固定的交货期,但对方却突然急于交货、取货,这通常是供货商的资金周转不灵的征兆,可能在财务上出现了困难,应引起企业的高度重视。

在一般情况下,企业大多注意买方的信用,担心对方是否能够及时付清货款。但是,事实上卖方的交货信用亦应加以留意。因为如果卖方发生财务危机,可能会倒闭停工,将会连带影响企业的正常作业,也可能因此而延误了企业与其他客户的合约。

(七) 变更付款方式

正常经营的企业对于进货付款都有一定的标准,如果无特殊原因而改变付款方式,应特别引起企业的注意,对于非常没有保障的支付方式应拒绝接受。

三、客户资信的风险控制

企业要有效地实施对客户的信用风险控制,必须根据本企业的信用政策制定一套全面的风险控制方案和措施。有效的风险控制措施能够最大限度地减少客户可能给企业带来的损失。下面介绍七种典型的风险控制方法。

(一) 监督和检查客户群

监督制度,是指对正在进行交易的客户进行适时的监控,密切注意其一切行动,尤其是付款行为,对于高风险客户或特别重要的客户还要予以多方面的监督。检查制度,是指不断地检查与更新客户原有的信用信息。

(二) 信用额度审核

信用管理人员应对授予信用额度的客户适时定期进行审核,在一般情况下一年审核一次,对正在进行交易的客户和重要客户的信用额度最好能6个月审核一次。

每一次审核信用管理人员都要严格地按照程序进行,信息收集工作要尽量做到全面、及时、可靠,不能因为是老客户就放松警惕,或者习惯性地凭以往的认识分析其信用状况。另外,信用管理人员还要将审核结果要及时通报给业务人员。

(三) 控制发货

信用核实部门应始终监控运输单据的制作与货物的发运过程,在下列两种情况下信用核实部门应命令有关人员停止发货。

1. 付款迟缓,超过规定的限期

当客户拖延付款时,信用核实部门可以通过信函、电话等方式提示客户。如果客户仍拖欠不还,一旦超过规定的贸易暂停限期,就应停止发货。每个企业对于贸易暂停期限应有明确规定,一般来讲信用期越长,贸易暂停限期就越短。

2. 交易金额突破信用限额

信用限额是依据客户的财务状况和信用等级综合评定出来的,交易金额超过信用限额会给企业自身带来坏账风险,尤其在信用限额是由于客户延期支付而被突破的情况下,控制发货措施就很必要。

(四) 贸易暂停

当企业发现客户资信有不良征兆时,首先考虑的措施就是贸易暂停,停止发货或者收回刚发出的货物,只有这样才能避免损失的进一步发展。

(五)巡访客户

在危机发生时,销售部门与信用核实部门都应各自与客户进行会谈,以收集客户的信息。在与客户第一次接触时一般都会听到对方信心十足的答复:困难只是暂时性的,没有想象的那么严重。但这可能是客户即将破产的前兆。在可能的条件下,销售部门与信用核实部门应该联合巡访客户,巡访要达到三个目标,即评估客户的生存能力、就付款安排达成协议、确定以后的交易额度。在巡访过程中企业要注意不要被客户的假象迷惑。客户可能会充满信心地许下一堆承诺,此时信用核实部门要仔细分析这些解释与承诺的合理程度,回去后立即将会议记录发给客户,一旦客户不能兑现,即说明他们的确处于危机中不能自拔。在巡访时,客户外在的特征很值得注意,因为它们难以隐藏,如库存过多或拒绝对外公开库存量等。此外,对客户的巡访应及时进行,最好在付款迟缓或引起纠纷而未达到危机之时便去会谈。

(六)置留所有权

置留所有权,是指企业在商品售出后保留对它的所有权,直到客户偿付货款为止。从理论上来讲,这是一项无任何额外成本又能有效避免风险的措施,它使得企业在得不到偿付时可以恢复其对商品的所有权。但是,在实际操作中,置留所有权并不能完全规避信用风险,因为商品的所有权虽然掌握在企业的手里,但鉴于企业并未实际占有或使用货物,也就不能进行有效的控制。

(七)坚持额外担保

如果客户处于危机中但仍有回旋余地时,客户可能会要求继续交易以维持自身的运转,此时企业应坚持让客户提供额外担保。对于客户来说,最低限度的担保是开立商业票据,一旦不能兑现企业便可以立即停止交易;最高程度的担保是预付货款,如要求客户用支票付款,但企业应注意在发货前将支票兑现。

第十章

客户关系管理的营销策略

第一节 关系营销

关系营销(Relationship Marketing)是在"社会学时代"的大背景下,于20世纪90年代伴随着"大市场营销"概念衍生、发展而来的,是以科学理论和科学方法为指导的新型营销观念。1984年,营销大师菲利普·科特勒提出的所谓"大市场营销"概念,目的在于解决国际市场的进入壁垒问题。在传统的市场营销理论中,企业外部环境是被当作"不可控因素"来对待的,其暗含的假设是,当企业在国际市场营销中面临各种贸易壁垒和舆论障碍时,就只能听天由命、无所作为。因为传统的4P[产品(Product)、价格(Price)、分销(Place)、促销(Promotion)]组合策略,在贸易保护主义日益盛行的今天,已不足以打开封闭的市场。要打开封闭的市场,企业除了需要运用产品、价格、分销及促销四大营销策略以外,还必须有效地运用政治权力和公共关系这两种营销工具,这种策略思想称为"大市场营销"。

虽然关系营销概念直接来自营销大师菲利普·科特勒的"大市场营销"思想,但是它的产生和发展同时也大量得益于对其他科学理论的借鉴、对传统营销理念的拓展以及信息技术浪潮的推动。

关系营销自产生以来就得到了迅速的发展。美国的贝瑞教授率先提出并讨论了如何维系和改善同现有客户之间关系的问题。随后,美国营销学者巴巴拉·本德·杰克逊提出要与不同的客户建立不同类型的关系。

北欧诺迪克学派的代表人物葛劳罗斯、舒莱辛格和赫斯基则论证了企业同客户的关系对服务企业市场营销的巨大影响。今天,人们对关系营销的讨论和关系营销的实践,已从单纯的客户关系扩展到了企业与供应商、中间商、竞争者、政府、社区等的关系。这样,关系营销的市场范围就从客户市场扩展到了供应商市场、内部市场、竞争者市场、分销商市场、影响者市场、招聘市场等,从而大大地拓展了传统市场营销的含义和范围,被西方舆论界视为"对传统营销的一次革命",也被看作是 21 世纪市场营销的一大发展趋势。随着世界经济一体化、国内市场国际化,以及竞争全球化的发展,关系营销的理念在我国企业界得到了传播,并被运用到各类市场活动中。

一、关系营销的定义

客户关系管理本身的含义已经清楚地告诉我们要特别关注"关系"。无论是销售关系还是服务关系,通过与客户建立良好的关系来实现扩大市场份额的发展目标。所谓关系营销,是把营销活动看成是一个企业与消费者、供应商、分销商、竞争者、政府机构及其他相关者互动,并建立起长期、信任和互惠的关系的过程。

关系营销是在长期交往而产生信任的基础上,使企业能够长远地保持客户的忠诚度。营销大师菲利普·科特勒说:"在这个新的、变化的世界里,企业唯一可以持续的竞争优势是它与消费者、商业伙伴及公司员工的良好关系。"要做到这一点,企业通常需要向这些个人和组织承诺并提供优惠的产品、良好的服务以及适当的价格,从而与这些个人和组织建立和保持一种长期经济和社会关系。关系营销的核心是建立和发展企业同相关个人和组织的兼顾利益的长期联系。企业作为一个开放的系统从事活动,不仅要关注客户,而且还应注意大环境的各种关系,即企业与客户的关系、与上游企业的关系、企业内部关系以及与竞争者、社会组织和政府之间的关系。

传统的交易营销与关系营销相比,在对待客户上的不同之处主要在于:

(1) 交易营销关注的是一次性交易,而关系营销关注的是如何保持客户。

(2) 交易营销较少强调客户服务,而关系营销则高度重视客户服务,并通过客户服务来提高客户满意度,培育客户忠诚。

(3) 交易营销往往只有少量的客户承诺,而关系营销则有充分的客户承诺。

(4) 交易营销认为产品质量应是生产部门所关心的,而关系营销则认为所有的部门都应关心质量问题。

(5) 交易营销不注重与客户的长期联系,而关系营销的核心就在于发展与客户的长期、稳定的关系。关系营销不仅将注意力集中于发展和维持与客户的关系上,而且扩大了营销的视野,它涉及的关系包含了企业与其所有利益相关者间所发生的所有关系。

二、关系营销的特征

关系营销的本质特征可以概括为以下五个方面。

(一) 双向沟通

在关系营销中,沟通应该是双向而非单向的。只有广泛的信息交流和信息共享,才可能使企业赢得各个利益相关者的支持与合作。

(二) 合作

一般来说,关系有两种基本状态,即对立关系和合作关系。对立关系,是指合作双方处于相对态势,彼此没有协同,没有配合。而合作关系则是合作双方为了共同的商业利益,彼此和谐相处,共同解决遇到的问题。因此,只有通过合作才能实现协同,因此合作是"双赢"的基础。

（三）双赢

所谓双赢，即关系营销旨在通过合作增加关系各方的利益，而不是通过损害其中一方或多方的利益来增加其他各方的利益。

（四）亲密

关系能否稳定和发展，情感因素也起着重要的作用。因此，关系营销不只是要实现物质利益的互惠，还必须让参与各方能从关系中获得情感的需求满足。

（五）协作

关系营销要求建立专门的部门，用以跟踪客户、分销商、供应商及营销系统中其他参与者的态度，由此了解关系的动态变化，及时采取措施消除关系中的不稳定因素和不利于关系各方利益共同增长的因素。此外，通过有效的信息反馈，也有利于企业及时改进产品和服务，更好地满足市场的需求。

三、关系营销梯度推进的三个层次

企业提供给客户的价值是建立和维系客户关系的基础。这种价值可以用客户从拥有和应用某种产品或服务中所获得的收益与取得该产品或服务所付出的成本之差来衡量。产品、服务的质量以及良好的客户满意度和口碑等，都是增加客户价值、吸引新客户的重要方式，同时在增进老客户关系方面也非常有效。关系营销梯度推进的过程实际上就是一个不断增加客户价值的过程。

如何最大限度地建立和增加客户价值，美国营销学者贝瑞和帕拉苏拉曼归纳了三级创造客户价值的关系营销层次，即一级关系营销、二级关系营销和三级关系营销。

（一）一级关系营销

一级关系营销在客户市场中经常被称作频繁市场营销或频率市场营销。这是最低层次的关系营销，它维持客户关系的主要方式是利用价格刺激增加目标市场的客户的财务利益。随着企业的营销观念从交易导向转变为以发展客户关系为中心，一些促使客户重复购买并保持客户忠诚的战略计划应运而生，频繁市场营销计划即是其中的一例。所谓频繁市场营销计划，是指对那些频繁购买以及按稳定数量进行购买的客户给予财务奖励的营销计划。如一些银行通过它们的信用证设备与航空公司开发了"里程项目"计划，按积累的飞行里程达到一定标准之后，共同奖励那些经常乘坐飞机的客户。又如，新兴的共享经济企业滴滴或者易到用车，通过客户积累里程奖励，刺激客户锁定本公司，培养客户忠诚度，与客户建立了长期的合作关系。一级关系营销的另一种常用形式是对不满意的客户承诺给予合理的财务补偿。如雷克萨斯提供汽油车4年10万公里的所有耗材免费保养，混动车提供6年20万公里的所有保养服务，极大保持了与客户的良好关系。

（二）二级关系营销

关系营销的第二种方法是既增加目标客户的财务利益，又增加他们的社会利益。在这种情况下，营销在建立关系方面优于价格刺激，企业的营销人员可以通过了解单个客户的需要和愿望，并使服务个性化和人格化，以此来增加企业与客户的社会联系。因而，二级关系营销把人与人之间的营销和企业与人之间的营销结合了起来。企业把客户看作是客户，著名营销专家多奈利、贝瑞和汤姆森是这样描述二者区别的：对于一个机构来讲,顾客也许是不知名的,而客户则不可能不知名;顾客是针对于一群人或一个大的细分市场的一部分而言的,客户则是针对个体而言的;顾客是由任何可能的人来提供服务,而客户是被那些指派给他们的专职人员服务和处理。二级关系营销的主要表现形式是建立客户组织,以某种方式将客户纳入到企业的特定组织中,使企业与客户保持更为紧密的联系,实现对客户的有效控制。

(三)三级关系营销

关系营销的第三种方法是增加结构性纽带,与此同时附加财务利益和社会利益。结构性纽带联系要求企业提供以下服务:它对关系客户有价值,但不能通过其他来源得到。这些服务通常以技术为基础,并被设计成一个传送系统,而不是仅仅依靠个人建立关系,从而为客户提高效率和产出。良好的结构性纽带联系将提高客户转向竞争者的机会成本,同时也将增加客户脱离竞争者而转向本企业的利益。特别是当企业面临激烈的价格竞争时,结构性纽带联系能为扩大现在的社会联系提供一个非价格动力,因为无论是财务性联系还是社会性联系都只能支撑价格变动的小额涨幅。当企业面对较大的价格差别时,交易双方难以维持低层次的销售关系,只有通过提供买方需要的技术服务和资金援助等深层次联系才能吸引客户。特别是在产业市场上,由于产业服务通常是技术性组合,成本高,困难大,很难由客户自己解决,这些特点有利于建立关系双方的结构性纽带联系。

如果企业希望和客户建立长期稳定的关系,就要改变那种每一笔交易都力求利润最大化的做法。在前面提到的三级关系营销里面,企业要主动放弃部分利益。而客户关系管理的目标是和客户建立长期的可盈利关系。显然,完成这种转变要由企业的决策层来推动,因为营销人员总是舍不得到手的每一个交易的盈利机会,而且营销人员单靠个人力量也无力完成"伙伴关系"的决策和推动。

四、关系营销中的双赢策略

(一)关系营销的双重价值

关系营销实际上是一个双赢的策略,企业和客户之间是相互依存的关系,存在共同的利益:客户支付价值获得使用价值,企业让渡产品使用价值获得利润;企业通过为客户创造价值而实现自己的价值,客户通过向企业付出价值实现了自己的价值。因此,企业与客户之间是一种合作关系、双赢关系。关系营销的核心是保持客户,为客户提供高度满意的产品和服务价值,通过加强与客户的联系,提供有效的客户服务,保持与客户的长期关系,并在与客户保持长期关系的基础上开展营销活动,实现企业的营销目标。实施关系营销并不是以损伤企业的利益为代价的,根据实践,争取一个新客户的营销费用是老客户的营销费用的5倍,因此加强与客户的关系并建立客户忠诚度,可以为企业带来长远的利益,关系营销提倡的是企业与客户的双赢策略。

对于实施客户关系营销的企业而言,通常可以得到以下利益,从而提高客户价值:

(1)销售量的增加。当客户感到企业提供的产品或服务比其竞争对手的更令人满意时,就会增加采购量。

(2)成本的降低。由于开发新客户要支付大量的宣传、广告以及新客户培训等费用,因此开发新客户的成本要高于维持老客户的成本。

(3) 口碑效应可以为企业带来对产品和服务的免费广告。对于客户而言，关系营销可以带来以下可体验的利益：

① 信任利益。这种利益包含信任的感觉或对供应商的信心，是一种减少焦虑和对期望较大而引起的不舒适感觉。

② 社会利益。经过长期往来，客户同企业之间会形成一种家庭式的感觉，同时建立一种社会关系，这些关系使得客户很少更换供应商。

③ 特殊对待利益，包括获得特殊的交易价格、优先接待以及对优先供应或者提供较多优惠等利益。

(二) 实施关系营销的具体策略

1. 利用产品质量和品牌树立良好的企业形象

树立企业的市场形象，质量是一个产品或服务的特色和品质的总和，这些特色和品质将影响产品满足所显明的或所隐含的各种需要的能力。质量应是全面的质量，全面的质量包括以下三个组成部分：

(1) 产品和服务本身的质量，包括功能完善程度、舒适程度、美观程度、安全程度等，这是质量的外在表现；

(2) 企业每一项活动的质量，包含市场需求、设计、生产、销售、售后服务等各个过程的质量，这是产品和质量的内在保证；

(3) "速度"质量，质量是在以客户为核心的策略思考下以价值创新为保证的质量，因此速度将是企业未来经营不可忽略的因素，企业除了快捷地获取客户期望、推出客户满意的产品以外，还必须不断地进行价值创新。

随着市场经济的发展，产品质量"同质化"程度增加，品牌的力量开始显现，已成为新世纪的入场券区域和企业综合实力的象征。美国可口可乐公司总裁达夫特曾说："即使可口可乐公司在一夜之间毁灭，我可以凭借其品牌，在世界任何一家银行贷出款项而重振雄风。"由此我们可以看出品牌的威力。面对现代市场条件下的竞争，企业必须创建自己的品牌。

2. 借助现代网络技术和电子商务技术建立与客户的全面互动的关系

现代网络技术和电子商务技术为企业建立与客户的全面的互动关系提供了良好的工具和手段。企业可以通过网络把企业和客户联系在一起，并对服务流程进行整合，从而为客户提供一个集成性、一体化、互动式的高效服务。如神州租车将传统的以电话为主的呼叫中心与互联网结合，通过 Web 界面和电话服务系统把客户与市场营销、技术支持、客户关系、客户投诉、售后服务等部门联系在一起，为客户提供集成的一体化服务及支持，大大提高了客户满意度。在国内企业中，联想、海尔等大多数企业，甚至一些中小型企业都投资安装了呼叫中心。

3. 建立客户让渡系统，从多方面培养企业与客户的关系

客户让渡价值是整体客户价值与整体客户成本之间的差额部分，即客户期望从特定产品或服务中获得的全部利益。客户将从提供最高让渡价值的企业购买产品。营销就是提高客户价值，建立一个卓越的客户价值让渡系统。关于提高客户价值有三种方法：

(1) 通过增加财务利益来加强与客户的关系，如给予常客赠送奖品及各种形式的价格优惠，但这些措施极易被模仿；

(2) 增加社交利益,即企业为客户提供个性化定制服务,依据客户的不同需求提供适应个性客户的个性需求;

(3) 增加结构性联系以及财务利益和社交利益。如企业提供特定设备、应用软件、营销调研、培训等,在一定意义上相当于构筑了一种转换壁垒,易形成竞争优势。

企业应积极建立多种与客户沟通的渠道,建立多种联系管理,加强与客户的沟通、互动,利用一切有利于加强关系的方法,如联谊会、周年庆典会、客户俱乐部、会员制等加强关系营销。

建立这种关系的基础是满足客户真正的需要,实现客户满意。离开了这一点,关系营销就成了无源之水、无本之木。企业要想与关联企业建立长期的合作关系,必须从互惠互利的角度出发,并与关联企业在所追求的目标认识上取得一致。

第二节 数据库营销

一、从关系营销到客户关系管理

从关系营销到客户关系管理的发展过程中,数据库营销(Database Marketing)的出现意义十分重大,起到了桥梁的作用。事实上,数据库营销是直接营销或目标营销的一种高级形式,同时又吸收了关系营销的某些成分。尽管在关系营销和数据库营销的关系问题上存在许多争论,但有一点是肯定的,数据库营销的根本目的也是为了提高营销的针对性和有效性,在了解客户需求的基础上去满足客户需求,以构建长期的主顾关系。数据库营销吸收了关系营销、直接营销和目标营销的一些观念和做法,在实现技术和手段上朝前迈进了一步。

数据库营销是建立在准确的客户信息、竞争对手信息和企业内部信息基础之上的一种互动的营销沟通方式。数据库营销主要由三种子系统组成,即直接响应营销、计算机辅助销售和顾客信息服务。

(一) 直接响应营销

直接响应营销是数据库技术与目标营销的结合,用数据库辅助与现有客户或潜在客户的沟通,如直接邮寄、电话营销和直接响应广告等,以激发客户的迅速响应,即发出订货要求或进一步的信息索求。

(二) 计算机辅助销售

辅助销售系统允许分处不同地域的销售队伍或销售支持队伍通过电脑直接访问企业的数据库,获取现有客户或潜在客户的信息、竞争对手信息和企业内部信息。该子系统也可以用于企业内部的电子沟通,以辅助销售管理。

(三) 顾客信息服务

辅助销售系统允许客户与企业之间的便捷沟通,为客户提供尽可能多的信息支持,如账单查询、质量抱怨、技术问题、产品服务信息等,使其加深对本企业的了解,更好地使用本企业的产品。在如今的客户关系管理中,我们仍然能够隐约看到数据库营销的三个子功能或三种子系统,只不过在存在形式或实现方式上已经脱胎换骨。数据库营销的出现无疑使关系营销朝着客户关系管理的方向大大地迈进了一步,其运用信息技术来支持对关系的管理也是客户关系管理的基本思想。如果说关系营销是客户关系管理的理念基石,那么,数据库营销则可以堪称客户关系管理的技术基石。

与数据库营销相比,客户关系管理的技术手段更加先进,不仅运用了更为先进的数据库技术,而且还包括其他的新兴技术(如数据仓库技术、联机数据处理技术、知识发现技术和数据挖掘技术等),这些技术的引入有效地促进了企业对各种数据的获得、分析和运用,使得企业对关系的管理更加科学化和智能化。随着信息技术的发展和实践探索的不断深入,人们对信息的把握或运用能力越来越强,对关系问题的研究逐渐突破营销的范围,开始考虑如何从企业整体的角度出发,通过有效地设计组织流程和信息系统,实现对各种信息的有效识别、收集、分析和共享,从而有效地支持关系营销和关系管理。客户关系管理正是在这种背景下产生的,在应用层面,一些知名软件企业纷纷开发 CRM 软件产品,用于辅助企业的客户关系管理。而在理论方面,客户关系管理所坚持的根本理念无异于传统的关系营销和关系管理,只是在实现技术上和形式上朝前大大地迈进了一步。

二、数据库营销的基础

数据库营销并不是一种新的营销方式,它在西方已有三十几年的发展历史了。20 世纪 80 年代中期,西方发达国家市场经济体制发育得已经比较成熟,市场的基本特点是供给大于需求,形成买方市场,企业之间的竞争日趋激烈,企业的短期利益减少。竞争的结果是,追求利润最大规模的经营目标逐渐被以追求适当利润和较高市场占有率的经营目标所替代。以客户需求为导向的销售观念已被大部分企业所接受。这样,在实践中就提出了一个如何加强客户管理,及时捕捉和反馈客户需求,以便稳定和提高市场占有率的问题。随着信息技术的迅猛发展,尤其是路由技术的发展,数据库强大的数据处理能力逐步被应用到客户关系营销管理当中。企业通过数据库及时地掌握现有客户群的需求变化,再把信息反馈到决策层,以便做出正确的生产投资决策。数据库营销就这样诞生了。

(一)数据库营销的定义

数据库营销是企业通过收集和积累客户的大量信息,经过处理后预测客户有多大可能性去购买某种产品,以及利用这些信息给产品以精确定位,有针对性地整合营销信息,以达到说服客户去购买产品的目的。

从以上定义中我们可以看出,数据库营销的特点主要体现在以下五个方面。

第一,数据库营销的本质是提供一个关于市场行情和客户信息的数据库,它主要在于强调运用市场营销策略的目的性和结果,即加强现有客户的品牌忠诚度和发现潜在客户。

第二,客户数据库是客户与营销部门之间沟通的桥梁,营销部门通过客户数据库才能开展有目的的营销策划活动。

第三,企业的现有客户和潜在客户的基本资料都被存储在营销数据库里,这些基本资料包括:

(1) 客户的身份和联系方式；

(2) 客户的需要(如品种、款式、颜色等)及特征(如人口和心理方面的信息)，对于集团性客户还包括其行业类型及其主管部门方面的决策信息；

(3) 客户对企业的营销计划的反应；

(4) 客户与企业的竞争对手的交易情况。

第四，企业定期通过电话、调查问卷、信件、销售人员等营销媒介和营销渠道及时了解客户需求变化及产品改进建议，并迅速反馈给市场营销政策的制定者。

第五，数据库营销能够代替许多的市场调研工作，并且能迅速地获得比较充分的客户信息，客户也能对企业的产品有充分的了解，基本上解决了企业与客户之间信息不对称的问题，从一定程度上减少了市场的交易成本。

通过数据库的建立和分析，各部门都对客户的资料有了全面的了解，能进一步给予客户更加个性化的服务支持和营销设计。数据库营销为每一个目标客户提供了及时做出反应且可测定和可度量的反馈机会，使客户能够从被动接收转为"信息双向交流"。数据库营销以客户的满意率作为营销目标，通过维持客户关系来实现客户终身价值的最大化，为"一对一的客户关系管理"提供了坚实的基础。同时，数据库营销能使企业在最佳时间内，以最佳方式把信息发送给需要这些信息的群体，以方便客户，增加每单位营销费用的反应率，降低取得每个订单的成本。

(二) 数据库营销的过程

数据库营销就是企业通过收集和积累会员(用户或消费者)的信息，经过分析筛选后有针对性的使用电子邮件、短信、电话、信件等方式进行客户深度挖掘与关系维护的营销方式。或者，数据库营销就是以与客户建立一对一的互动沟通关系为目标，并依赖庞大的客户信息库进行长期促销活动的一种全新的销售方式。

数据库营销实际上就是企业利用计算机强大的数据存储和处理能力，建立客户数据库，利用客户数据库辨别出最有价值的客户，并以此为目标市场，向他们提供专门的产品和服务，由此提高客户满意度和忠诚度的过程。数据库营销是随着时代的进步和科学技术的发展，通过数据库技术和市场营销的有机结合而形成的。通过数据库的建立和分析，可以帮助企业准确地了解客户信息，确定企业目标消费群，同时使企业的促销工作具有针对性，从而提高企业的营销效率。没有数据库营销，企业的营销工作就只能停留在理论上，而不是根植于客观实际，因为没有数据库，企业对市场的了解往往只是经验，而不是实际。

三、数据库营销的主要作用

(一) 重点客户管理

重点客户管理就是有计划、有步骤地开发和培育那些对企业的生存和发展具有重要意义的客户。与从区域和产品的角度出发进行销售管理不同，重点客户管理提倡将企业有限的销售和销售支持资源投资于对企业有重大关系的客户。事实上，为了在激烈的市场竞争中保持竞争优势，企业必须积极地与这些能够给企业带来大部分营业收入和利润的重点客户发展亲密、稳固的关系。因为竞争对手也会瞄准这些客户发动竞争性攻击的。数据库营销可以从以下三个方面为重点客户提供支持。

1. 确定重点客户

即利用各种模型对客户数据库进行深层次的挖掘,从不同的角度分析客户对企业业务构成的贡献,并通过投入-产出分析,计算出客户的价值和盈利率,最后用分类和关联分析就可以确定哪些客户对企业来说是最宝贵的,是需要重点发展的。

2. 提供客户定制化的推荐

即通过对客户购买行为的分析,了解客户的购买习惯和购买偏好,并预测出那些可能会吸引此客户的产品或服务,增加重复销售和交叉销售的可能性。

3. 提高客户满意度和忠诚度

即通过对重点客户反馈信息的分析,可以为其制订专门的产品或服务改进计划,不断地提升奉献给这些客户的价值,由此促进他们对企业的产品或服务的满意度和忠诚度,保持这些重点客户并阻止竞争者的进入。

(二)挖掘潜在客户

潜在客户是企业的产品或服务未来的购买者,是企业利润增长的源泉。数据库营销可以利用数据挖掘、商业智能分析、知识发现等技术从客户数据中比较准确地辨识出目标客户。

首先,根据客户数据库中的资料和信息,对客户进行分类,然后再根据产品的特点确定营销目标和营销对象,做到有的放矢。如有些客户一向对新事物感兴趣,企业就可以把他们作为新产品的潜在客户进行挖掘,因为他们会带着极大的兴趣去了解新产品的功能、性能、优点及与之有关的一切情况。

其次,营销人员还要对所有可能的潜在客户进行筛选,挑选其中一部分最有可能成为现实购买者的客户进行重点营销。这是因为仅仅根据数据库信息对客户进行分类,得到的潜在客户的范围往往很大,且不同的潜在客户成为现实购买者的可能性大小是不一样的。在确定目标客户后,企业就可以利用客户数据库跟踪客户来源,并将其分配给适当的营销人员。营销人员接到任务后,可以利用客户数据库中相关信息,针对不同类型的潜在客户进行不同的后续跟踪。如对于那些购买意向大的潜在客户,可以先向其发送有关产品的基本信息。如果这类客户的感兴趣程度在一至两周后仍没有变化,营销人员可以在今后的3个月内每月向他发送有关该产品的相关信息,不断地提高其感兴趣的程度,最终促成其购买行为。

四、数据库营销的战略意义

企业实施数据库营销:可以准确地找到目标消费者群;可以降低营销成本,提高营销效率;可以使消费者成为企业长期、忠实的用户,企业稳定的顾客群;可以为营销和新产品开发提供准确的信息;可以运用数据库与客户建立紧密关系,企业可以使客户不再转向其他的竞争者,同时使企业间的竞争更加隐秘,避免公开、自然化的对抗。企业实施数据库营销,可以从以下六个方面帮助企业获取巨大的市场竞争优势。

(一)帮助企业准确地找到目标消费者群

通过客户数据库分析,企业可以准确地找出某种产品的目标消费者,进行精确的市场定位,识别战略优势,改进营销战略部署,用针对性更强的促销方式代替昂贵的大众传播媒体。计算机和数据库技术可以使企业能够集中精力于更少的人身上,把最终目标集中在最小消费单位——个人的身上，实现准确定位。

（二）帮助企业降低营销成本，提高营销效率

数据库营销通过准确地掌握每位客户的 RFM，即最近购买期（Recency）、购买频率（Frequency）和购买的货币价值（Monetary Value）等信息，准确划分客户等级后，企业就可以将促销活动减少到只对那些最有可能获得最佳成绩的业务领域，从而降低营销成本，提高营销效率。如《华尔街周刊》这样写道，读书俱乐部永远不会把同一套备选书籍放在所有会员的面前。现在的俱乐部都在进行定制寄送，它们根据会员最后一次选择和购买记录以及最近一次与会员交流活动中获得的有关个人生活信息，向会员推荐不同的书籍。这样做效果是很明显的：一方面减少了损耗，而另一方面会员购买的图书量却提高了。数据库营销则减少了不恰当的寄送带来的无谓浪费，还提高了企业的形象。因为客户有种感觉，这个企业理解我，知道我喜欢什么并且知道我在什么时候对什么感兴趣。据统计，没有动用数据库技术进行筛选而发送邮寄宣传品，其反馈率只有 2%～4%；而用数据库进行筛选，其反馈率可以高达 25%～30%。

（三）通过个性化的客户交流，维系客户忠诚

企业根据客户数据库中客户的兴趣爱好以及行为数据，针对不同的客户制订相应的个性化交流计划，维持和增强与客户的感情纽带。得到这种一对一服务的客户会在心理逐渐形成对企业的偏好，提高了企业的口碑，增加其重复购买的可能性。越来越多的企业投资建立数据库，以便能够记录客户的最新反馈，利用企业的最新成果分析出针对性强的稳定消费群，"锁定"目标客户。如某个航空公司存储了 80 万人的资料，这些人平均每人每年要搭乘该公司的航班次数之多，占该公司总营业额的 65%，因此该航空公司每次举行促销宣传活动，必须以他们为主要对象，极力改进服务，满足他们的需要，使他们成为稳定的客户。

（四）为营销、新产品开发和市场探测提供信息

企业通过对特定客户购买产品的种类、满意情况的调查分析，以及对客户需求和欲望的追踪，从中发现新的市场机会，进一步明确新产品的研发方向，从而为客户提供独一无二的产品或服务。

（五）选择合适的营销媒体

企业根据客户数据库确定目标，从客户所在地区，对消费者的购买习惯、购买能力、供应情况做出大致销售的估计。这些是企业决定营销媒体分配，充分传达广告内容，使消费者产生购买行为必须要考虑的。在制订媒体计划阶段，有关客户所有的信息更是营销人员必须了如指掌。数据库营销的着眼点是个人而不是广大群众，所以根据数据库提供的信息营销人员要谨慎考虑以何种频率来与客户个人进行沟通才能达到良好的效果。

（六）与客户建立紧密关系，防止客户转向竞争者

企业在进行传统营销时通常运用大众媒体进行大规模的促销活动，容易引起竞争者的对抗和模仿，从而削弱了促销的效果。而数据库营销的促销活动，企业可以针对特定客户进行隐蔽的、针对性强的一对一促销，大大抬高了竞争者进入的壁垒。那些致力于同客户保持紧密联系的企业都认为，没有什么东西比拥有一个忠诚的客户更重要了，而且与寻求新客户相比，保留老客户更便宜、更经济。因此，运用数据库经常地与消费者保

持双向沟通,可以维持和增强与消费者的感情纽带,从而增强抵抗外部竞争的能力。

五、实施数据库营销的步骤

企业实施数据库营销战略,必须广泛地收集客户信息和市场信息,并把它们有效地保存起来,通过加强和改善与客户之间的联系,从而使这些信息迅速地转化为企业的利润。

企业实施数据库营销的具体步骤介绍如下。

（一）广泛地收集有价值的客户信息

这些客户信息主要包括：客户的姓名、年龄、职业、家庭地址、电话号码等；客户的偏好及行为方式；企业与客户之间的业务交易,如订单、退货、投诉、服务咨询等；客户购买了什么产品,其购买频率和购买量如何,最后一次购买的时间及从哪里购买等方面的信息。企业在收集信息时要注意避免信息的非结构化问题,否则信息杂乱无章,将会影响企业和输入信息的效率。

（二）建立营销数据库

在充分掌握客户信息的基础上,企业必须以最有效的方式保存这些信息。企业要想有效地组织和使用这些信息,就要建立客户数据库。客户数据库要能用来分析客户提供的数据信息并能够在此基础上产生更多的决策信息；要能够直接接受订货,开展直接邮购,评估市场营销的成功程度；还要具有一定的需求预测功能等。

（三）信息入库

企业信息管理人员定期从企业内部和外部收集信息,及时掌握客户需求的变化,并尽快输入客户数据库。对数据库中的需求信息要定期进行汇总分析,找出客户需求变化的趋势,以便企业调整经营方向,及时抓住市场商机。

（四）针对性营销

企业信息管理人员在掌握客户需求特点的基础上,有目的地运用市场营销方式,或者是加强客户的品牌忠诚,或者是刺激客户需求,挖掘潜在客户。根据消费心理学的有关规律,客户在购买企业某一品牌的产品之后,总会有意识地与其他企业的同类产品在价格、性能等方面进行比较,以评估自己购买的产品是否"物美价廉"。客户强烈需要自己购买的产品得到大家的认可,以取得心理上的平衡。因此,企业在产品顺利地出售之后,还要继续对本企业的产品进行宣传等,以塑造名牌形象,满足客户的消费心理,加强客户对本企业产品的依赖和信任。

综上所述,数据库营销在支持营销人员进行营销决策和战略发展方面的确具有十分重要的意义。这种功能的发挥与否,一方面与数据库营销自身的特点和成本有关,另一方面又取决于营销人员的意识。随着信息技术的高速发展和全面渗透,技术对企业营销的贡献率愈来愈高,而技术的使用成本则相对愈加便宜。面对激烈的大众市场竞争,全面导入数据库营销的观念和技术将是企业明智的选择。

第三节 精确营销

一、精确营销的由来

精确营销(Precision Marketing)就是在对客户进行精确细分定位的基础上,依托现代信息技术手段建立个性化的客户沟通服务体系,实现企业可度量的低成本扩张之路。

(一) 市场竞争加剧是精确营销的前提

随着市场竞争的加剧,企业过去所生存的"红海"将变得异常拥挤,同时,客户需求不断变化,都需要企业去开辟产品及服务的"蓝海",去创造新的价值。价值创造构成企业"蓝海"战略的目标,而科学的客户细分将成为"蓝海"遨游的指南针,对客户需求差异的理解和满足就显得十分关键。

(二) 追求效益是精确营销的诱因

当大众广告和促销活动盛行的时候,很多企业都感到迷茫"有一半的广告费用不知道浪费在哪里"。当客户不再容易被诱导的时候,企业就不能再依靠地毯式的轰炸来攫取市场,这样只能收效甚微。面对激烈的竞争环境和挑剔的客户,企业要想生存就必须考虑成本收益。

(三) 技术进步是精确营销的推动力

信息技术正经历着翻天覆地的变化,数据挖掘技术、大容量存储技术、非结构化和半结构化查询技术以及已经普及的网络技术的广泛应用,使得关系营销、网络营销、数据库营销在技术上成为现实。借助众多的技术手段,企业可以真正地了解到客户所需要的产品、服务,并最大限度地满足其需求。

二、精确营销的基础——数据挖掘

精确营销的基础是拥有大量的相关客户信息,在对这些信息挖掘整理的基础上发现客户特性,进行有效的营销推广,提供个性化的产品和服务。这里不难发现,精确营销的成功决定于对客户信息的充分发现,也就是科学的数据挖掘。

所谓数据挖掘,就是从大量的、不完全的、有噪声的、模糊的、随机的数据中,提取隐含在其中的、人们事先不知道但又是潜在有用的信息和知识的过程。数据挖掘的流程参见图 10-1。

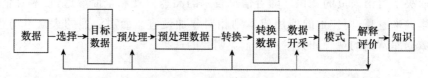

图 10-1 数据挖掘的流程

数据挖掘主要有六项任务,即关联分析、时序模式、聚类、分类、偏差检测和预测。数据挖掘的对象主要是关系数据库,并随着数据挖掘技术的发展,逐步进入到空间数据库、时态数据库、文本数据库、多媒体数据库等。数据挖掘方法是由人工智能、机器学习的方法发展而来,结合传统的统计分析方法、模糊数学方法以及科学计算可视化技术,以数据库为研究对象,形成了数据挖掘方法和技术。

三、基于数据挖掘的精确营销应用

精确营销的主要目的就是降低营销成本,提高营销效率,发现不同客户的需求差异,进行针对性较强的组合营销。企业发现客户的不同需求和不同消费倾向仅仅依靠人是无法在海量的客户信息中完成的,必须依靠数据挖掘技术,利用数据仓库、联机事务分析等方式,利用类聚法、关联分析法、决策数法以及神经网络法等发现和预测客户的消费倾向,找到客户的消费规律,协助企业制定营销策略。

因此,基于数据挖掘的精确营销有四个步骤:(1) 收集和整理客户相关信息,并进行基本预处理(剔除不合规则的数据),建立客户数据库;(2) 通过数据挖掘,将不同特征的客户进行类聚,对不同客户群的特征进行剖析,找出不同客户群体的不同消费特征和消费差异特征;(3) 依据客户特征设计不同的营销策略,从而提供不同的产品或服务,通过提供差异化的产品或服务,满足客户差异化的需求;(4) 营销活动的评价与反馈,通过对营销活动结果的分析,进一步深化对客户本质需求,尤其是客户未来期望的理解,形成新的营销策略。

(一) 客户数据收集与整理

客户数据收集与整理就是将经过预处理后准确的客户数据收集和存储到一条逻辑记录中,该过程是实现客户细分和理解的必要条件。这项工作分为两个以下步骤。

1. 建立客户数据库

企业信息管理人员将分散在企业内部各个 IT 系统中的数据,以及企业外部数据(如市场调查数据、第三方数据等)分类后,以客户 ID 为关键字进行抽取、转换并装载到一个集中的数据库中,作为进行全面客户研究和分析的基础,为下一步进行数据挖掘所需的目标数据集提供可用的数据源。

2. 生成目标数据集

一般来说,日常的运营数据的组织形式都是没有固定主题的,因此需要将所有与客户相关的历史数据根据挖掘任务的不同,选择不同的主题,并将相关的数据有机地整合为一个整体,形成数据集。如以客户为主题的所有用户的记录集合就称为以客户为主题目标数据集。

目标数据集的记录是由许多个字段组成的,每个字段都反映了客户数据的某个方面的信息。在对目标数据集记录的字段名、字段的数据来源、字段的逻辑进行设计后,通过各种工具(如联机事务处理)将原始数据转化为目标数据集。

同理,根据分析需求的不同,可以生成不同主题的数据集(如产品集、价格集、满意度集等),从而构成数据挖掘的基础。

(二) 数据挖掘(客户类聚)及对客户群的理解

1. 客户类聚

客户类聚就是把客户分成一个个具有某些相同特征的群体,在每个群体内部,客户的特征非常相似,而在群体与群体之间,客户的特征非常不相似。有了这样的客户类聚,企业就可以对每个客户群有效地进行管理并采取相应的营销手段,提供符合这个客户群特征的产品或服务,从而起到类似于全球定位系统(Global Positioning System,GPS)的精确营销作用。

2. 通过数据分析进行客户理解

形成客户群后,对客户群的描述直接影响营销活动的策划和执行,因此企业还需要对客户的特征做进一步的了解和剖析。这些剖析可以有基本特征的剖析,也可以根据不同的专题的深入刻画(如产品的关联度),有时还需要加入外部信息进行丰富。针对专题的剖析应根据主题情况而变,最终形成的客户群特征描述,把很多枯燥无味的数据变成活生生的客户的特性体现,以帮助营销人员更好地理解客户群。

由于客户本身是不断变化的,因此客户群的构成和特征也是动态的,企业需要以灵活动态的指导思想理解客户群,才能得到正确的结论。一般来说,企业应根据客户关系生命周期进行不同阶段的客户类聚和理解,在生成客户营销策略后 需要对客户进行再次的细分和类聚,以设计产品、价格、渠道和广告等策略。这个时候,就需要其他的数据模式和维度。如设计广告策略,可能就需要根据媒体习惯对客户群进行再次的划分,形成电视维、广播维、杂志维等;设计产品策略,就需要根据客户群的消费特征进行划分,形成基本功能维、包装维、送货安装维等。

(三) 营销方案设计与实施

企业从客户营销策略和当前的营销工作重点出发,筛选出适合自身的目标客户群。根据目标客户群的营销活动目标,企业可以采用头脑风暴法、专家访谈法,结合以往的营销经验,设计针对该客户群的营销活动创意(包括产品组合的选择以及渠道的选择等内容),确定产品组合定价,并对其可能造成的影响进行评估,根据评估结果挑选出最佳创意,然后形成最终的营销方案(包括有针对性的产品组合方案、产品组合价格方案、渠道方案)。

精确营销主要强调以数据来支撑营销决策和营销策划,如通过数据的分析(建立交叉销售模型)支持产品关联假设,通过数据挖掘提出支持理性的营销设计等。在营销方案设计完成后,为了提高营销活动成功率,提高市场营销活动投资回报,企业还需要利用数据挖掘技术建立预测模型对客户进行评价,以选取购买可能性高并符合市场营销活动要求的客户。

营销方案制订后,企业就要按照营销活动计划,执行相关的市场营销活动和促销活动,以便从客户、市场接收输入信息,识别并利用交叉销售、升级销售机会,为产品或服务处理订单,获得反馈信息及额外的客户信息。

(四) 营销结果评价与反馈

企业在营销活动执行过程中,收集相关数据,对营销活动的执行、渠道、产品和广告的有效性进行评价,寻找需要改进和优化的关键点,总结和获取在执行期间得到的相关经验和教训,为下一循环的营销活动打下良好的基础。营销结果的反馈是本次营销活动的终点,同时也是精确营销闭环的下个循环过程的起点,是对下一个循环的提升。

总之,精确营销是当今世界营销界的一个热点问题,对精确营销体系的理解也存在很大差异,由于实践的局限性和技术手段的限制,对精确营销的研究还处于初级阶段,尤其是利用数据挖掘的精确营销研究涉及的很少,这在我国表现得更为突出。

四、基于数据挖掘的精确营销及构成

精确营销就是在对客户精确细分定位的基础上,依托现代信息技术手段建立个性化的客户沟通服务体系,实现企业的利润最大化。

可以看出,精确营销的基础是客户细分类聚,但是,做到科学地对客户细分,必须在掌握大量客户信息的基础上,对这些信息内含的客户特征进行类聚挖掘,发现不同客户群体的不同消费特征,制定不同的营销策略,做到精细的"有的放矢"。这就是基于数据挖掘的精确营销。

参考文献

[1] 苏朝晖.客户关系管理——客户关系的建立与维护[M].3版.北京:清华大学出版社,2014.

[2] 威廉·G.齐克蒙德,等.客户关系管理:营销战略与信息技术的整合[M].北京:中国人民大学出版社,2010.

[3] 王广宇.客户关系管理[M].3版.北京:清华大学出版社,2013.

[4] 陈兵兵.面向感情消费时代——谈客户关系管理系统[J].企业管理,2002.

[5] 邵兵家.客户关系管理[M].3版.北京:清华大学出版社,2010.

[6] 陈卫华,等.数据挖掘在CRM中的应用[J].微型电脑应用,2001.

[7] 陈旭.CRM综述[J].计算机应用世界,2001.

[8] 成栋,李利民.正确认识客户关系管理[J].管理现代化,2001.

[9] 程芳.谁是你的客户?客户关系管理(CRM)与现代市场营销[J].信息与电脑,2002.

[10] 丁秋林,力士奇.客户关系管理[M].北京:清华大学出版社,2002.

[11] 杜荣华.国外CRM/PRM应用状况[J].浅析计算机世界,2001.

[12] 攀治平,王建宇,陈媛.客户关系管理(CRM)的评述和展望[J].系统工程,2002.

[13] 菲利普·科特勒.市场营销原理[M].北京:清华大学出版社,1999.

[14] 弗雷德里克·纽厄尔.网络时代的顾客关系管理[M].北京:华夏出版社,2002.

[15] 龚杰.分析型CRM系统帮你挖掘客户价值[J].计算机世界,2001.

[16] 何荣勤.CRM原理·设计·实践[M].北京:电子工业出版社,2003.

[17] 胡兴民.客户管理的基本精神[J].企业管理信息化,2001.

[18] 黄群慧.企业核心能力理论与管理学学科的发展[J].工业企业管理,2003.

[19] 尹雯,梅中义,等.基于数据仓库的企业客户关系管理系统(CRM)[J].航空工程与维修,2002.

[20] 李宝东,宋瀚涛.数据挖掘在客户关系管理(CRM)中的应用[J].计算机应用研究,2002.